令德講堂

山西大学研究生导师百廿校庆演讲集

段霖瑶◎主编

赵跃胜　王慧斌◎副主编

山西出版传媒集团

山西人民出版社

图书在版编目（CIP）数据

令德讲堂：山西大学研究生导师百廿校庆演讲集 /
段霖瑶主编. —太原：山西人民出版社，2023.11
ISBN 978-7-203-13047-5

Ⅰ.①令… Ⅱ.①段… Ⅲ.①山西大学－校史－文集
Ⅳ.①G649.282.51-53

中国国家版本馆CIP数据核字（2023）第188655号

令德讲堂：山西大学研究生导师百廿校庆演讲集

著　　者：段霖瑶
策划编辑：靳建国
责任编辑：张慧兵
复　　审：吕绘元
终　　审：李　颖
装帧设计：中尚图

出 版 者：山西出版传媒集团·山西人民出版社
地　　址：太原市建设南路21号
邮　　编：030012
发行营销：0351-4922220　4955996　4956039　4922127（传真）
天猫官网：http://sxrmcbs.tmall.com　电话：0351-4922159
E-mail：sxskcb@163.com　发行部
　　　　　sxskcb@126.com　总编室
网　　址：www.sxskcb.com

经 销 者：山西出版传媒集团·山西人民出版社
承 印 厂：天津中印联印务有限公司

开　　本：787mm×1092mm　1/16
印　　张：16
字　　数：300千字
版　　次：2023年11月　第1版
印　　次：2023年11月　第1次印刷
书　　号：ISBN 978-7-203-13047-5
定　　价：80.00元

序

显允君子，莫不令德；百廿山大，师道传承

习近平总书记在党的二十大报告中指出，教育、科技、人才是全面建设社会主义现代化国家的基础性、战略性支撑。研究生教育作为国民教育的顶端和国家创新体系的生力军，肩负着高层次人才培养和创新创造的重要使命。导师是研究生思想政治教育的首要责任人，肩负着培养高层次创新人才的崇高使命，导师的言传身教对于引导研究生树立正确的世界观、人生观、价值观具有更重要的作用。长期以来，山西大学广大研究生导师认真贯彻党的教育方针，严格落实立德树人根本任务，严谨治学、潜心育人，为学校研究生教育和人才培养作出了突出贡献。为全面展现山西大学研究生导师的风采，进一步激励和引导学校广大研究生导师不忘立德树人初心，牢记"为党育人 为国育才"使命，研究生工作部（处）以"百廿山大 师道传承"为主题，策划了山西大学研究生导师"令德讲堂"校庆系列演讲。活动邀请了学校不同学科的27名研究生导师代表，相约"令德讲堂"，讲述自身成长经历、学术历程、教学实践、心灵感悟。有的导师通过回顾学校发展历程，以见证者、亲历者的身份讲述各个时期的办学方略、重大事件、重大改革等；有的导师结合学院学科建设历程，分享奋斗过程和催人奋进的科研小故事；有的导师结合学校"双一流"建设，围绕人才培养、学科建设、社会服务等，讲述本学科本专业取得的成就和未来发展规划；有的导师通过追忆在学校学习、工作、生活的点滴经历，分享奋斗成长、艰苦创业的感悟，讲述恩师风范、同窗情谊、育人心得、青春爱情、校园文化、学生活动……各位研究生导师不仅通过真实感人的小故事，娓娓道来，以情动人，让观众在聆听故事中体会山大人的精神和山大的发展变迁，展现出一堂堂生动形象的思政大课堂，凝聚起广大师生爱校荣校、兴校强校的磅礴力量；更是将个人成长融入学校发展、社会变迁、时代进步的大背景中，以小见大，全面彰显山大人"求真至善、登崇俊良"办学传统，全方位呈现学校改革发展的历史成就和新时代山大人喜迎双甲子、奋进"双一流"、实现高质量崛起的崭新篇章。

孜孜不倦，勇攀科研高峰

高校是科技创新的前沿阵地。敢于创造、勇攀高峰，是广大研究生导师夜以继日攻坚克难、孜孜不倦探寻求索的真实写照，更为广大青年学生树立了奋斗榜样。作为"令德讲堂"首场开讲导师的中医药研究中心主任秦雪梅教授，将个人的学术科研奋斗过程，与时代机遇、学校发展融合，全面呈现山西大学药学学科的发展历程。"春风化雨 细推物理"，激光光谱研究所汪丽蓉教授，从深刻影响自己的苏大春、彭堃墀、贾锁堂三位导师讲起，不仅呈现了自己在山大从本科到博士的求学经历，更全面展现了学校物理学科"双一流"建设过程，诠释了山大物理人薪火相继的"爱国、攀登、奉献"的精神。哲学学院魏屹东教授通过回顾自己在山大30多年的求学科研历程，深刻讲授几代山大哲学人共同努力推动山西大学哲学学科从崛起到入选"双一流"的全过程。"独行者速，众行者远"，电力与建筑学院赵兴勇教授通过回顾电气工程学科的发展，展示了学校在服务山西能源革命中的责任担当。自动化与软件学院贾新春教授从自身教学科研谈起，讲述了自动化、测控、机电专业、软件工程等专业的发展，畅谈学校的"工科使命"。环境科学研究所董川教授不仅分享了自己在学校42年的教学科研历程感悟出的创新创业"7D"步骤，更通过生动形象的故事诠释了科学思想与人文精神的深度融合，全面展现学校师生热爱科学、勇于创新、服务社会的责任使命。外国语学院张耀平教授，通过讲述关其侗、常风、高健、杨德友四位"大先生"的故事，全面呈现中华人民共和国成立以来山西大学外语学科的发展历史。生命科学学院乔明强教授，讲述了自己从2020年被引进学校以来，带领全体生科人勇担重任，全面抓好学科、专业建设和青年教师培养的历程。体育学院陈安平教授结合自己的亲身教学科研工作实践，以游泳课的设立、游泳馆的建设到游泳比赛的开展为例，不仅全面呈现学校体育学科和体育运动的发展，更展现出所有山大人拼搏向上的体育精神。同时，个人的成长、学科的进步、学校的发展，更离不开党和国家的正确指引，正如秦雪梅教授所言："感谢党和国家，没有党的正确领导，尤其是没有国家给我们这样一个安定稳定的环境，我们怎么能安心地做好学科建设，培养人才。"

见贤思齐，倾听人生智慧

师者，人之模范也。教育是用一个灵魂唤醒另一个灵魂，坚持言传和身教相统一，才能让学生亲其师、信其道。在学生眼里，老师的一言一行都起着示范作用，让研究生聆听和体会导师的成长经历，更能促进其自觉成才。"在个人成长的过程中，我经历了一定的挫折，但我依然要感谢国家、感谢母校，让我拥有努力争取和奉献的机会"，美术学院刘维东教授以自己曲折的求学历程，来全面展现自己对书法的热爱和豁达的人生态度。"桃李春风一杯酒，江湖夜雨十年灯"，新闻学院赵瑞锁教授分享了自己在山大工作38年的点点滴滴，为大家呈现了"最快乐的还是读书"的人生经验。教育科学学院刘庆昌教授结合自己在山大学习生活工作的40多年，分享了自己"久久为功方可善作善成"的人生智慧。法学院周子良教授以自己关于中国民法史和山西法律史的学术研究经历，生动地诠释了"学问的生命与生命的学问"的人生感悟。"我的每一次成功都离不开山西大学师长校友的无私帮助，我的每一次成长都离不开山西大学深厚底蕴的滋养，正是山西大学这片沃土孕育了我的音乐人生。"音乐学院李岩峰教授分享了自己在考学、立业等方面遇到的人生选择，表达了自己对学校的深厚感情和精神滋养！"或许我不能改变什么，但可以让更多的人关注贫困地区农村落后的现实。"经济与管理学院高帅教授分享了自己参与脱贫攻坚第三方评估的经历，勉励广大青年学生要紧紧跟随习近平总书记的指引，坚定人生理想，积极响应党和国家的号召，勇敢地站出来帮助那些需要帮助的人，用自己的知识为国家为人民尽绵薄之力。

丁香情长，感念母校之恩

高等学校对青年学生的教育不仅是文化知识和智力的教育，还要有情感和道德教育，这些情感培育更多是靠环境和大师的熏陶。"长年在校园生活，我已经习惯于在每年的仲春时节去等待丁香花开，在夏日看满树繁华，习惯于在秋高气爽的日子里看树叶一片片掉下来，习惯于在白雪飘飘的冬季和丁香树一起想念花开的往事，我爱丁香盛开的美丽校园。"新闻学院李雪枫教授通过聚焦校园一草一木、一人一事的叙述及感悟，不仅生动呈现了众多学子丰富多彩的大学生活史，还记录了百廿学府风华正茂的大好时光，尤其用描述丁香树四季更迭的变化，来描绘山西大学12个月的与众不同，饱含深情地表达了"对这个校园的依赖、感恩与热爱"。"从上大学踏进山西大学这片土地起，我就喜欢上了这里，山西大学的一草一木深深地印在我的脑海里。"马克思主义学院刘美玲教授回顾在山西大学20年的求学、教学与科研岁月，深深表达对母校的依恋。"我永远忘不了山西大学和这段时光。"从北大来山西大学的图书馆馆长肖珑教授，分享了自己在学校图书馆3年多的工作经历，展现出对生活的热爱、对生命的感悟。作为山西大学培养的青年优秀人才，理论物理研究所陈君教授分享了自己在学校学习工作的故事，深情表达了对母校的感恩之情。数学科学学院李福义教授，以亲历者的视角回顾了学校近半个世纪以来发生的翻天覆地的变化，并深深表达了对母校悠久的历史、厚重的底蕴、奋斗的精神给予自己成长指引的感激。"我和母校一起成长。"生命科学学院王兰教授分享了自己从1979年考入山西大学至今44年的学习、工作、生活、成长的故事，不仅表达了和母校一起成长的骄傲、自豪和喜悦，更通过回顾自身成长的经历，表达了对母校培养的感恩。

师道传承，不忘育人初心

"所谓大学之大，非有大楼之谓也，乃有大师之谓也。"导师是研究生思想与人生的引领者，导师们唯有不忘育人初心，以身作则，成为塑造学生品格、品行、品味的"大先生"，引导学生树立正确的世界观、人生观、价值观，才能培养高素质综合型人才。"田野既是培养学生最大的课堂，也是锻炼学生最好的地方。"政治与公共管理学院董江爱教授通过分享自己和田野的缘分、田野课堂和对田野的认知，讲述了自己带领学生深入农村进行社会调研的故事，全面展现了研究生导师如何培养"知行合一"的高素质应用型人才，诠释了导师在培育青年学生社会责任感中的重要作用。化学化工学院双少敏教授从帮助学生出国留学、指导学生参与国际合作项目研究等故事说起，以化学专业学生为例呈现自己对学生国际化培养的成果，分享了在开拓青年学生国际视野中的育人经验。"用心讲好每一节课，才真正配得上孩子们的信任与爱戴。"文学院史秀菊教授分享了自己语言学课程"立体教学模式"的教学改革探索，来展现导师作为知识传授者在课堂教学的专业能力和素养。青年是科技创新的主力，资源与环境工程研究所李剑锋教授，从自己生活工作的三个创新思维小故事，来探讨对青年学生创新性思维的培养体会。中国社会史研究中心胡英泽教授，曾在山西大学担任过分团委书记、政治辅导员、专业课教师等多个职务，不仅分享了自己在山西大学30年学习、工作、成长的经历和体悟，更深情表达了自己对行龙教授、卫广来教授等授业恩师的感恩之情和师道传承的责任信念。"正是无数像马骏先生、靳极苍先生、刘开瑛先生、梁吉业老师，这样恪守、敬守、遵守学术初心，勇于担当的前辈对后辈提出高标准、高要求，激发了后辈的使命感，才诞生了新时代的承梦者和继梦者。"计算机与信息技术学院（大数据学院）钱宇华教授则分享了自己从本研博到从教，各位恩师对自己的教导鞭策，表达了自己对"不忘育人初心"师道传承的责任和信心。正如钱宇华教授所言，要"继承和坚守前辈们伟大的科学情怀与科学家情怀，以他们的精神作为筑梦的田野，守护这方热土，不负青春韶华，不负生而为中国青年，为伟大祖国的繁荣昌盛倾尽全力！"

青年强，则国家强。在新时代山大人喜迎双甲子、迈入"双一流"建设的新征程中，广大研究生导师必须牢记习近平总书记的殷切嘱托，以实际行动来贯彻落实践行党的二十大精神，紧紧围绕立德树人根本任务，以身作则、主动担当，办好的教育，做有用的学术，凝心聚力、踔厉奋发，深耕思政工作，严爱相济、润己泽人，以人格魅力呵护学生心灵，以学术造诣开启学生智慧，引导学生确立正确的政治信仰、政治立场和政治观点，主动将个人的理想追求融入党和国家事业之中，让青春在全面建设社会主义现代化国家的火热实践中绽放绚丽之花。

本书编写组
2022年11月8日

目 录

秦雪梅

把握时代机遇，建设药学学科

演讲者简介

秦雪梅，二级教授，博士生导师，药学学科带头人，山西大学中医药现代研究中心主任，中国药理学会常务理事，山西省药理学会首任理事长。兼任山西省药材资源研究与药物研发重点科技创新平台主任、中药材品质评控与资源利用山西省重点创新团队带头人、地产中药功效物质研发与利用山西省重点实验室主任等职务。从事中药材质量控制与品质评价、中医药代谢组学研究与创新药物研发。主持国家自然基金7项、科技部重大国际合作项目2项、"重大新药创制"科技重大专项课题2项、国家科技支撑重大项目子课题1项、国家中药标准化项目子课题1项及多项省级科研项目。指导陵川党参、浑源黄芪、长治振东苦参先后通过国家GAP认证。牵头或参与制定中华中医药学会团标和企标6项。荣获山西省科技进步二等奖2项，"中药现代

化科技产业基地建设十周年"先进个人（科技部）等多项荣誉称号。鉴定成果3项；获临床批件3项；转让新药2项；获发明专利47项；主编和参编学术专著共7部；发表论文630篇，SCI收录122篇。

老师们，同学们，亲爱的校友们：

大家好！

我是来自学校中医药现代研究中心的秦雪梅，药学学科带头人，今天给大家分享的故事是——把握时代机遇，建设药学学科。

1999年，我还就职于山西医科大学，带着我的研究成果"宫淤净胶囊"参加了在深圳举办的全国第一届高新技术成果交易会，并非常有幸地结识了几位山西大学人。其中有山西大学的刘滇生副校长，科技处的张福增副处长，还有当时还是研究生的张靖老师和青年教师王梦亮。我们的展区在一起，所以自然就对他们有了很深的印象。我的感觉是山西大学的领导没有"架子"，和师生们一起每天带着激光器、生物肥等研究成果往返于会场和驻地，他们还特别敬业，给我留下了很深的印象，这就是我初识的"山大人"。

2002年，山西大学迎来了100周年校庆。当时的校领导班子就意识到山西大学"大文大理"的学科设置存在缺陷，没有针对国民经济一个具体行业的学科。所以在2001年学校就依托化学化工学院增设了药学本科专业，因为要弥补学科专业结构，2002年我被引进到山西大学作为药学专业的建设者。刚来的时候我心里很忐忑，在一个全新的、陌生的环境当中不知道该怎么应对？但我的同事，已是化学学院教授的双少敏老师，对我说："秦老师，你可以去申报破格晋升教授。"这让当时的我很感动！后来我就递交了破格晋升教授的申请。其中，一个条件是"科技成果转让50万以上"，虽然我

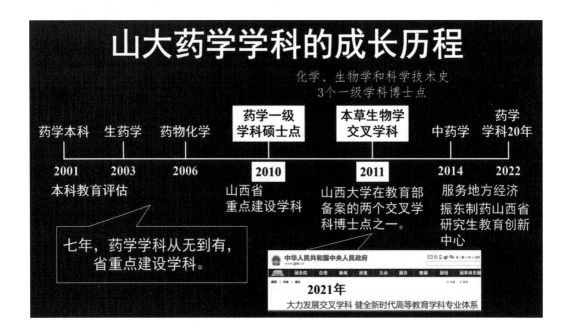

的科技成果转让了135万，符合条件，但是这笔转让费没有进山西大学，而是到了山西医科大学。但是评审组的老师认为我有科学研究的潜力，所以我顺利地晋升为教授。这件事情让我很感动！我感觉到山西大学是一所兼收并蓄、海纳百川、不拘一格降人才的大学，所以我很快融入了山西大学，而且开始在一个更高的舞台上发挥我的作用。

到了2003年，我们迎来了首轮本科教育评估。因为药学专业是新建专业，学校领导都非常重视，当时主管教学的贾锁堂副校长经常给我们做培训，我们药学在只有几位老师的情况下，加班加点，上下同心，顺利通过了本科教学评估，没有拖学校的后腿。药学专业的设立，给我们山西大学埋下了一粒种子，但是这颗种子能不能发育好？能不能长好？我们还不知道，怎么做能让它长好也不是太清楚。有一天，我在化学楼里面碰见老主任潘景浩教授，他就跟我说："雪梅啊，你要想办法申请药学硕士授权点，否则你没有办法立足。"潘老师的话一语点醒了梦中人。我想，如果没有学科，我们就没有根基。所以马上就干！我当时找到了化学学科的张立伟教授，还有张生万、郭炜、张昭、魏学红老师以及生命科学的张政老师和王转花教授，特别是时任山西大学研究生院院长的高策教授，他对药学学科建设非常重视，在这样的情况下我立即开始了学科建设之路。在这个过程当中，我们需要先整合材料，之后到北京、南京还有沈阳药科大学寻名师、访高友。可是那时候我最大的困难就是经费不足，囊中羞涩。我刚来山西大学的时候，学校给了我六万元的科研启动费，可我才刚刚到山大，科研项目也很少，在这样的情况下我们又要办好药学，怎么办呢？为了节约经费，我就把火车当旅店，仗着自己年轻，一路都是晚上睡卧铺，第二天到了驻地以后，因为要见专家，就去火车站旁边的酒店洗手间洗个脸，然后赶紧去见专家。办完事以后，晚上又坐火车睡回来。就是在这样的情况下我们把药学学科建起来了！

2003年我们申报了药学的二级学科生药学；2004年开始招收第一届硕士研究生；2006年申报了二级学科药物化学；2010年成功申报药学一级学科硕士点。在短短的7年之内，我们的药学学科从无到有，而且还成了山西省的重点建设学科。有了药学学科我们就有了发展的根基，但是光有硕士还不行，还要培养博士，这样我们的学科才有更大的发展。到了2011年，国务院学位办出台了一个利好政策，就是可以依托有一级学科博士学位招生点的单位自设交叉学科，当时的高策院长立即打电话把这个好消息告诉了我，我立马说："高院长，没问题，我马上干！"于是依托山西大学的化学、生命科学和科学技术史3个一级学科，我们凝练了方向，形成了本草生物学的交叉学科博士点，而且当时还得到了杨频教授的支持，他给我们请来倪嘉缵院士作为专家组的组长来论证我们的学科。在专家们的指导下，本草生物学博士学位点顺利地通过了论证，而且这也成了山西大学在教育部备案的仅有的两个交叉学科（博士点）之一。同时，因为本草生物学博士学位点的设立，我们也开启了山西省药学领域博士教育的先河。在当时，本草生物学交叉学科是为了招生而设立的，但时隔10年，到了2021年，交叉学科受到了高度的重视。目前国务院学位办、教育部，还有国家自然科学基金委都设立了交叉学部，表明了国家对交叉学科的高度重视。山西大学在药学学科建设上有了本科、硕士、博士招生点后，为了更好地服务于地方经济，在2014年又增设了中药学专业硕士学位点。至此，山西大学的药学学科无论是从纵向的方向（本科、硕士、博士招生点），还是横向的学术型和专业型都有了发展。同时我们还与企业深度合作，成功申报山西省振东制药研究生教育创新中心，共同搭建省级教育创新平台。

光有了招生点还不行，人才是最关键的。在拓展科研团队的时候，又得到了一个好消息，即2006年山西省出台了面向全国著名的科学家作为柔性引进高层次人才的政策。

就这样，中国医学科学院的杜冠华教授，全国著名药学专家来到了我们山西。从2006年一直到现在，来晋工作已经有16个年头了。我们团队的老师有个特点，就是本校培养的比较少，只有三位博士，其余老师都是来自全国各地的博士，还有一个特点就是都是山西人。其实在整个药学学科团队建设当中，引进人才的困难非常大，所以那时候我就单枪匹马地去全国的药学学术会，先作学术报告，再做"广告"。我们团队的李震宇老师、田俊生老师都是用这样"做广告"的方式引进到山西大学来的。目前

我们团队的老师还不到20人，所以在20年的建设过程当中，相当于一年还不到一人进来。但是我们的科研团队十分精干，在科学研究平台有很好的发展，从2004年一直到2017年，团队分别获批了山西省工程技术研究中心、山西省重点实验室、山西省科技创新团队以及教育厅"1331"工程科技创新团队。这一路走来使得我们在团队层次、平台建设和研究成果方面都上了一个台阶。2020年，我们又依托山西大学的8个学科，整合形成了山西大学生物医药与大健康研究院。2021年，依托该研究院又筹建了生物医药与健康山西省实验室。

科研平台建起来后，为了提升学术声誉，我们又主要干了两件事。首先是参加并举办国际学术会议，起因是2008年的时候我到荷兰的莱顿大学去访学，结识了欧洲的植物学家Robert Verport教授（研究杰出贡献奖获得者），Robert Verport教授非常友好，他对第三世界国家的科学家非常支持和重视。我回国后，在他的指导下，团队从2009年就开始主办代谢组学的国际会议，并且连续办了六届，其中第三届我们还办到了台湾，并且影响很大。第二是举办国内具有影响力的会议，杜冠华教授在担任两届中国药理学会理事长期间，将他牵头的中国药理学会学术会议放到了山西大学来办。

2008年我们承办了第一届，2018年十周年的时候我们又承办了第二届。特别有幸的是，在2018年的经典方剂会议上，张伯礼院士莅临山西大学，在博雅报告厅作了报告。高水平国际和国内会议的举办使得山西大学药学学科声誉得到了很大的提升。2018年，我们还组建了山西省药理学会，我本人当选为首任理事长。此前山西省已经有医学会、药学会，但是医学和药学是两个学科，药理学是它们中间的桥梁。我们成立了山西省药理学会就填补了山西省在这个学科上的空白，而且使得这两个学科得以交叉。虽然我们组建药理学会的时间不长，但目前已经建立起3个专业委员会，秘书处分别挂靠在山西医科大第二医院、山西省人民医院、山西白求恩医院等知名医院，我们的工作也促进了山西省医药学科的高质量发展，药物临床试验专委会成立，并被山西日报报道。

20多年的时光，弹指一挥间。在此过程中，在人才培养方面，形成了药学学科从学士、硕士到博士全方位发展的格局。我们药学学科还有一个特点就是考研率、升学率、就业率很高，我曾经开玩笑地说："我这里的研究生毕业生，是皇帝的女儿不愁嫁，很好找工作。"除此之外，我们也培养了很多优秀的毕业生，比如说代云桃、刘晓节两位同学，她们都在山西大学拿到了国家留学基金的资助去荷兰莱顿大学攻读博士学位，攻读完以后又回国报效祖国。代云桃同学是我们的第一届学生，她现在已经就职于诺贝尔医学奖获得者屠呦呦教授的研究所——中国医学科学院中药所，并且已经破格晋

升为研究员。刘晓节同学回国以后，又加入了我们的团队，现在也已经晋升为副教授。此外还有薛黎明同学，他也是我们的第一届学生，现在成了上海疾控中心的科研骨干。正是因为我们重点抓教学质量，所以我们以《综合大学的研究生教育模式》为题，获得了山西省高等学校的教学成果二等奖。与此同时，我们还带领同学们积极地参加了"互联网+"全国大学生创新创业大赛，并且分别在第六届和第七届获得了省里的金奖和国家的银奖，促进学生全方位发展。

在科学研究方面，做新药是我的主打方向。我一来到山西大学就得到了领导、老师们的重视、支持和信任，所以在我心中，一直想要在山西大学研发出一个新药。怀着这样的愿望，20年磨一剑，终于在2018年，我们研发的"柴归颗粒"获得了国家药监局临床试验批件！

"柴归颗粒"是以山西的优势道地药材柴胡为主要原料，研究开发的用于治疗轻、中度抑郁症的一个创新药，能够在2018年获得临床试验批件，非常不易。到了2021年，"柴归颗粒"又启动了Ⅱ期临床研究，这个项目在研发过程中得到了国家重大新药创制重大专项课题、科技部两项重大专项课题和重大国际合作项目的支持，以及国家自然科学基金委二十余项项目的支持，前后总共投入1500余万元。这个项目的研发也得到了山西省科技厅和社会各界的好评，还有媒体的多方报道。同时，"柴归颗粒"不仅是山西大学的第一个新药成果，也是在"十三五"期间山西省唯一获批的中药新药临床批件。所以，"柴归颗粒"的研发让我感到非常欣慰。除此之外，在这期间本研发团队获得了4项山西省科技进步二等奖，其中张立伟教授和李震宇教授各牵头一项，我牵头了两项。并且团队还出版了两本专著，申请相关发明专利、发表学术论文，产出了大量的研究成果。与此同时，团队还参与了由中华中医药学会主导制定的国家团体标准中的道地药材标准，目前该标准已经被颁布和宣贯。

在这20多年中，我们建设了一个学科，培养了一支团队，也取得了一些成果，我个人也得到了成长。大家都知道，我是副教授时来到山西大学的，后来在山西大学晋升到教授，现在已经是二级教授。并且我当时来的时候还是硕士，在山西大学又攻读了博士学位，我的导师是生命科学学院的谢树莲教授，她是全国模范教师，给了我很大的帮助。如今我自己也成了博导，也可以培养博士研究生、硕士研究生，同时也获得了一系列的科研项目、国家自然科学基金，还有科技奖，也成了山西省的学术技术创新团队和药学学科的带头人。

国家药品监督管理局
药物临床试验批件

原始编号：14170019
受理号：CXZL1700051
批件号：2018L03149

药品名称	柴归颗粒		
英文名/拉丁名	——		
剂型	颗粒剂	申请事项	国产药品注册
规格	每袋装10g（相当于饮片27.5g）	注册分类	中药第6.1类
申请人	山西大学		
审批结论	见附页。		
主送	山西大学		
抄送	山西省食品药品监督管理局、山西省食品药品检验所、中国食品药品检定研究院、国家食品药品监督管理总局药品审评中心、国家食品药品监督管理总局药品审核查验中心、国家食品药品监督管理总局信息中心、国家食品药品监督管理总局药化注册司		
备注	本项临床试验应当自批准之日起3年内实施，逾期未实施的，本批件自行废止。		

最后我要感谢，首先要感谢党和国家。没有党的正确领导，尤其是没有国家给予我们一个安宁稳定的环境，我们怎么可能安心地做学科建设，培养人才！其次我要感谢我们山西大学的"领头人"。我到山西大学时彭堃墀校长已经不担任校长了，但是我听过他的一个报告，就是《怎么样做学科带头人》，他用刀削面的例子给我们诠释了什么是特色，什么是优势，而且还讲述了作为学科带头人应有的素质；郭贵春校长是我来到山西大学接触时间最长的一位校长，他为我们组织的每年一次的"忻州会议"不光是让我们相互交流，而且他还会作学科发展报告，真的是高屋建瓴。所以，我在山西大学感觉到成长和发展。贾锁堂校长把我们山西大学带到了"部省合建中西部"的一个平台当中，让我们山西大学进入发展快车道，他还带领我们各个学科梳理自己的发展脉络和思路。北京大学支援我们的王仰麟书记和黄桂田校长又把我们山西大学带领进了双一流，这是一件非常值得自豪的事情，另外，这两位领导带给我们一年两次的战略研讨也使我们得到了很多培养和成长。除此之外，还有山西大学和社会各界对我们团队的支持，其中最要感谢的是杜冠华教授，一直陪伴着我们的学科成长，不只

是给我们做顶层设计，而且我们团队的每一位老师他都亲自指导过，包括青年教师的个人发展规划。还有就是谢常德教授、程芳琴教授、张生万教授，这些曾经拿过国家奖的老师都为我们团队作过报告。最后就是要感谢我的同事、我们的团队，还有我们的同学们，我们的同学们把许多不可能的事情变成了可能，所以我为他们而骄傲！

所以我要感谢山大、感恩山大，我作为一名山西大学的教师、山西大学的教授，无比的自豪，无比的幸福。最后祝百廿山大生日快乐！祝全体山大人前程似锦！谢谢大家！

陈 君

感恩遇见

演讲者简介

陈君，女，中共党员，山西大学教授、博士生导师，量子光学与光量子器件国家重点实验室研究人员，山西大学理论物理研究所副所长，山西大学物理学与电子工程学科学位评定分委员会委员、学术委员会委员，山西省物理学会会员，山西省光学学会会员、监事。2007年本科毕业于山西大学物理学（国家基地）专业。2012年于复旦大学获得理论物理博士学位。2014年至2016年间多次在香港科技大学和香港浸会大学访问。

主持、参与国家自然科学基金青年项目、面上项目、理论物理平台项目、省优秀青年基金等项目12项。长期致力于光学微操控领域的科学研究，涉及光场调控及其与物质的相互作用，是国家重大需求中可望取得重大原始创新的研究方向。做出了一系列有重大原始理论创新的科研成果，以第一或通讯作者在Nature Photonics, Science Advances, Physical Review Letters等高水平学术期刊发表论文18篇，正面引用一千余次。在光牵引力方面的开创性工作，被誉为光学微操控领域的重要里程碑之一。2018年获山西省"三晋英才"支持计划青年优秀人才称号。2020年获霍英东教育基金会第十七届高等院校青年教师奖。

各位老师，各位同学：

大家好！

我是陈君，很荣幸可以参加山西大学研究生导师"令德讲堂"活动，在这里和大家分享我和山西大学之间的故事。我要讲的主题是：感恩遇见。

从我在山西大学攻读本科学位开始，到返回山西大学担任教职工作，这一路感恩与山西大学的相遇，感恩山西大学提供的平台和机遇，感恩一路扶持、鼓励、给予我善意的所有老师、同事和同学们。

受益匪浅——求学之路

我也曾是山西大学莘莘学子中的一员，我曾在山西大学物理学国家基地专业攻读学士学位。高考结束，是来山西大学还是复读去985、211高校，我也曾经犹豫、纠结。在高中时期，就听说山西大学物理学国家基地专业很厉害，虽然也不知道厉害在哪里。怀揣着懵懂，带着不甘和一丝期待，我来了，这是我与山西大学的第一次相遇。幸好来了，事实证明山西大学不会亏待任何一位努力的学子。

物理基地班一个年级只招收一个班，每个班二三十个人。四个年级的基地班，大家从这个PPT上可以看到，是门对门，门挨门，进进出出都可以看到其他班的情况。

刚入学没两天，班主任就黑着脸把我们痛批了一顿。原来是看管楼门的老大爷找班主任告状：你看其他基地班教室，到晚上都是灯火通明，就你们班早早地灯就关了，人都走光了。所以班主任把我们痛斥了一通，告诉我们，基地班的学生从来都没有像我们这么懒散的。从那之后，我们就开始被迫进行晚自习。原以为大学生活会很轻松，但是没想到上了大学还得上晚自习，不光有晚自习，还有早读，完全是高中生活的加长版。但是后来却是真心感激班主任对我们的威压，甚至是看门老大爷的小报告，否则就不会有我们后来自觉的学习习惯、扎实的知识储备，这对后续的研究生阶段以及未来的学术生涯都起到了至关重要的作用。

山西大学物理基地的淘汰制是真的残酷，挂科两门就会被淘汰出班，我们见证了一个又一个的同学因为挂科而被淘汰。在这里没有任何人情可讲，没有任何可以通融的方式。入学时班里有39位同学，但是毕业时只剩下26人，三分之一的人都被淘汰了。但是物理学基地班存在至今，到现在又有了拔尖计划2.0，之所以培养的学生能够被认可，被各大高校欢迎，跟"不讲人情"的制度、严苛的要求有很大的关系。物理基地班要求严苛，但提供的资源也不是一般的好。专业课都是小班上课，任课教师都是具有高级职称、教学经验丰富、工作在科研一线的老师；保送国内外著名高校、科研院所读研的名额也是相当多。我很感激当时遇见的那些学富五车的老师，苏大春老师的儒雅通透、陈昌明老师的严谨不苟、李德明老师的生动幽默等，从此，在脑海中想象的大学教授有了具体的样子，并在心中催生了从教的种子。物理基地给予我们非常好的平台，让我们知道只要努力，就会公平、公正地得到相应的回报。本科毕业后我被保送到复旦大学直接攻读博士学位，我的男朋友，现在是我的爱人，被保送到香港大学，我们一家就拿到了两个宝贵的保研名额，是不是很赚？

刚去复旦大学，我心里很有负担，担心是否能适应复旦大学这样有很高声望的高等学府的要求，后来发现自己的担心完全是多余的。他们认可我们的素质和学生质量。受益于种类多、质量高的本科课程，我在复旦大学顺利开展了学习以及科研工作，取得了优异的课业成绩和科研成果，获得了上海市优秀毕业生的称号。

所以很感恩与山西大学的相遇，感激山西大学给予的宝贵机会，让我们有了希望和更好的发展。

初出茅庐——工作初期

我在复旦大学毕业前夕，开始找工作。我是山西人，家人不希望我工作离家太远。这时，山西大学曾经为我们上量子力学的老师张云波教授伸来了橄榄枝，得知我正在考虑西安交通大学，他鼓励我去西安交大面试，同时也非常欢迎我能回来山西大学工作，并表示会积极帮我争取很好的待遇。我当时很纠结，是去985高校还是回来山西大学工作。去西安交大工作，作为985高校的老师，身上的标签会很响亮，很能满足虚荣心。但是山西大学有我熟悉的环境、很多想念的老师，俗气一些，待遇也更好。纠结再三，我最终还是选择回来山西大学，来到了山西大学理论物理研究所工作。

我是挺着大肚子回来山西大学工作的，后边又生了二胎。现在想来真是惭愧，也许我来的时候研究所的领导对我有很大的期望，但是我却连生两胎。即使这样，他们也给予了我极大的容忍、帮助、理解和支持，未给任何压力。在此期间，我申请出国或者是去香港长期交流学习，所里都毫不犹豫地批准了，非常支持我去深造，给了我最大的自由。真的非常感恩山西大学理论物理研究所这种平等、宽容、自由、和谐的工作和相处方式，让我可以从容、凭借初心和最原始的好奇去做喜欢的研究，去自由探索想知道的物理，而不需要有其他方面的顾虑和压力。而在工作初期充实、提升自己的同时，我也从容享受了人生中安家、生子等过程。能工作、生活在友善的环境中，能做自由的探索研究，我感觉很幸运，而这都是因为和山西大学的相遇，我很感恩。

任重道远——接任管理

山西大学理论物理研究所于1989年建立，是量子光学与光量子器件国家重点实验室的组成部分之一。理论所所长先后由张鉴祖教授、梁九卿教授、聂一行教授、张云波教授担任，我于2019年初被任命为副所长。我们的老所长梁九卿先生师从著名理论物理学家阿哈罗诺夫，也就是量子物理里程碑之一AB效应中的A。梁老师现在还活跃在教学和科研一线，是位真实、儒雅、健谈、有趣，丝毫不愿意给别人添麻烦的老人，现在已经80多岁高龄，每年还坚持独立上两门课。我们实在是担心他身体有负担，跟他商量一年上一门吧，他说好，另一个学期，刚好把书写好，他想把研究的经验、理解和成果都总结下来。梁先生总是闲不住，所有的兴趣怕都是在物理了。张云波所长

能力很强，管理很成熟，事无巨细，基本不需要我做什么事情，本以为我将继续从容地度过我的职业生涯。但是没想到，张云波教授因为工作调动要离开山西大学，便把研究所的重担压在了我的身上。我蒙了，没有兴奋，只感觉有好大的压力，因为我本就性格闲散，不是好强的人。突然让我接手研究所，我的资历、能力等方面都有很大的不足。我很茫然，不知道自己该怎么做才能把工作做好。梁九卿先生十之一二我都不如，真怕研究所砸在我的手里，我太难了……

　　作为一名青年教师来承担研究所的管理重担，真的是举步维艰。但是好在前行的路上，从来都不是只有我一个人。物理学科、职能部门的领导为我提供了善意的帮助和指导，研究所的老师们给予了最大的理解和支持，研究生们一如既往地努力着。感恩遇见，带我走过了最迷茫和彷徨的时期。

　　非常感激在这个过程中，可以和许多优秀的老师一起合作，一起努力完成很多事情，向他们学习，让我可以尽快地成长起来。例如在争取"双一流"的过程中，物理学科一院三所的负责老师，不论你是副校长，还是前校长，还是重点实验室主任，全都聚在

一起集思广益，各模块任务分配到人，逐字逐句一遍又一遍地修改方案，经常从白天干到晚上10点多才暂时结束。通过参与管理工作，让我感触颇多，受益良多。作为普通老师时感受到的岁月静好，从来都是因为许多人在为集体的事情负重前行，每一个进步都是一点点坚持堆砌起来的结果。

　　山西大学由于地域等原因，生源不是很好，所以需要老师们付出更多的努力。感恩每位老师的付出，正是他们的坚持，才有了一项又一项高质量科研成果的实现，以及一位又一位研究生的顺利培养。同时也感谢每一位努力学习、探索的学生，不管白天还是晚上，工作日还是周末，都能看到他们在工作室认真讨论、努力钻研的身影。正是因为这些看似再平常不过的努力，才让我们的教学、科研等各方面的工作稳步上升。如今，山西大学入选了"双一流"建设名单，物理学科入选世界一流学科建设名单。对于每个物理人，压力都非常大，我们现在面临很重要的机遇，同时也有很大的挑战，让我们如坐针毡。唯有我们的老师、同学们加油干，才能以更好的成绩来回馈给予我们厚望的国家和社会。

感恩这段经历，无论是在管理工作上，还是在科学研究、教书育人、人际交往、眼光格局等方面，都得到了更多的历练，让自己变得更加成熟。正是因为要肩负一个研究所的责任，才激励我努力成为更好的自己，为未来开拓一片未知的新天地。

2022年，在这美好的春天，我们迎来了母校——山西大学120岁生日。借此机会献上我最真挚的感谢，感恩遇见，祝福我们的母校生日快乐，年年桃李，岁岁芬芳，未来更加灿烂辉煌。谢谢！

刘美玲

三尺讲台守初心　半生山大半生情

演讲者简介

　　刘美玲，女，山西大学马克思主义学院教授、博士生导师，山西省首批高校思想政治理论课名师工作室主持人，山西省大中小一体化专家，山西省"最美思政课教师"，山西省伦理学会秘书长，中国伦理学会理事，中国伦理学会经济伦理学专业委员会第一届常务理事，中国卫生信息与健康医疗大数据学会公益慈善与伦理第一届常务委员。

　　2004年9月至2007年7月于南京政治学院攻读哲学博士学位，2007年9月至2010年6月于南京大学做博士后研究，2018年8月至2019年8月赴美国访学。2015年至2021年主持并完成国家哲学社会科学基金项目"社会主义核心价值观导引慈善伦理研究"（15BKS104）；2020年8月由中国社会科学出版社出版专著《马克思主义视域下德沃金平等思想研究》（ISBN 978-7-5203-6977-0）；主持省级课题近20项，发表论文50多篇。研究方向为：社会主义核心价值观。2001年12月，荣获山西省第二届高等学校青年教师教学基本功竞赛一等奖。2001年9月，荣获山西省"两课教学""精彩一课"竞赛活动一等奖。2001年荣获山西省社会主义劳动竞赛委员会、山西省工会、山西省教育委员会颁发的一等功奖章。2009年，《感恩与责任：当代中国伦理困境解析》获得山西省社科联"百部（篇）工程"一等奖。

各位老师，各位同学：

大家好！

我是来自山西大学马克思主义学院的刘美玲。今天，我想和大家聊一聊"我与山大的故事"。

学在山大

我是1990年上的大学，当初是作为太谷中学唯一的保送生，保送到我们山西大学政治学系。政治学系是1988年成立的新系，当初我们的系主任是樊汉桢老师，书记是武敏忠老师，副主任是王承亮老师。那个时候政治系规模很小，没多少学生，所以说，同学之间、上下届相处得都比较好。像我们马克思主义学院的原院长刘晓哲，就是我们1988级的学长。我们和老师们相处得也很好，当初带我们课的老师，都很不错，有赵宇霞老师、王臻荣老师、葛振国老师、李俊卿老师、王晓晨老师、梁丽萍老师……还有曹永胜老师。曹永胜老师比较特殊，他当初是我们1987级的学长，是留校任教的。

我的硕士学位，也是在山西大学获得的。我的导师，是号称"山大一支笔"的王承亮先生。王老师曾经在《求是》上发表过文章。在我的心里，王老师道德文章堪称一流。王老师的文章写得好，他讲究三个美：语言美、节奏美、韵律美。所以我们师门的人，都会写那一类政论性的文章，例如现在已经去了上海交通大学担任马克思主义学院院长的邢云文，他在《光明日报》上发文章，真的是得了王老师的真传。

王老师还有一个特点，那就是做人做事特别讲究一个字——德，道德的德。记得有一次年终评优秀，我觉得自己还可以，就给王老师打电话。我说："王老师，能不能把那个优秀给我？"结果，王老师说："那优秀只有一个，你想要人家别人也想要了，以后你想要什么要靠自己去争取。"一句话说得我哑口无言，这件事情也给我留下了深刻的印象。从此以后，我就一直秉承这样一个信念，那就是——想要什么自己去争取，要是自己没本事，那就不要不省事。

还有一个人，我想给大家介绍一下，大家看这张照片，这是我们的老主任樊汉桢老师。大家看看樊老师，气定神闲地坐在那张皮椅子上面，那么和蔼可亲，那么睿智，那么质朴。可以说多少年以后，他的这个形象，几乎定格在我的脑海里。一想起樊老师，我就想到他的这个形象。当然，许多同学也还记得樊老师这个形象。当初我们山大老马列，老政教部，在全省乃至全国很有影响。后来尤其是我们那个政教部，有了科社硕士点以后，就往北大、清华输送博士研究生。有人戏称我们的硕士点是清华北大的"供应基地"。

回到山大

我还有一个比较曲折的经历。1994年毕业以后，我没有直接留在山西大学，而是先分配到山西农业大学。我在山西农业大学整整工作了8年，在那里，和那里的师生建立了深厚的友谊，感情也很深。在山西农业大学，我记得主要就是去锻炼上课，脑子里也没有"科研"概念。那个时候，教室很大，有200多人的大教室，没有PPT，也没有麦克风，讲课基本上就是靠吼，一周下来嗓子基本上化脓了。后来才在山西农业大学社科部老主任武星亮老师的帮助下，学会了如何用嗓子讲课。

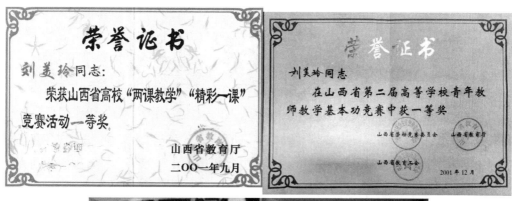

1999年到2001年期间，我先后获得了一些奖状。大家看一下这几个奖状，一个是山西省高校"两课教学""精彩一课"竞赛活动一等奖，一个是山西省第二届高等学校青年教师教学基本功竞赛一等奖，还有一个是一等功奖章——社会主义劳动竞赛一等功奖章。就是在这些比赛中，我遇到了人生中的一个贵人，这又跟我们山西大学发生联系了，我遇到了山西大学的梁鸿飞先生。

大家看这个照片，这是梁鸿飞先生和他夫人的照片。梁鸿飞先生曾经担任我们山西大学的副校长，还担任过山西大学师范学院的院长、党委书记。梁老师就是在这些比赛中发现了我，并且给了我一些指点。最主要的是，在2002年，梁老师向山西大学的校领导们推荐了我。这样，在梁老师的推荐下，在校领导们的关怀下，在我们政教部老师们的努力下，2002年8月24日，我记得特别清楚，我调回了山西大学。

当初，我特别感动，觉得自己一个默默无闻的小辈，能受到梁老师的青睐，梁老师就是我人生中的贵人。人常说：千里马常有而伯乐不常有。我心里想，一定要送梁老师一点礼物，表达一下自己的心意。可是，家里也没什么可以拿出来的东西，正好山西大学历史系有一个同学是高平的，那里盛产黑陶，她赠给我一个黑陶笔筒看起来很不错，古朴大方。拿上这个笔筒就要送给梁老师。梁老师一再推辞不要，架不住我一再表达感恩之心，梁老师收下了。但是没过几天，梁老师给我打电话让我去一下，送了我一本《辞源》，并且叮嘱我："好好讲课，让山西大学更多的学生受益。"这一句话，我深深地记在了心里。

后来我从樊老师那里得知，梁老师原来也是来自我们老马列，也上过马列课。梁老师口才非常好，已经快80岁了，还去文科楼给学生上课，那个时候教室里真的是座无虚席！梁老师字正腔圆，身材笔直，见解深刻，诙谐生动，确实是山西大学文科楼一道风景线。可惜的是，去年的9月28日，梁老先生过世了。我得知这个消息，第一时间就去他家吊唁。一进家门看到，还是那个条幅，还是那个沙发，还是那个旧冰箱……我的眼泪唰地就来了，想想梁老师一生清廉，高风亮节，提携后辈，言美情真，真的是不胜唏嘘！

教在山大

不瞒大家说，我从小到大的理想就是做一名老师。没想到长大以后，我还真的成了一名老师，还是我们山西大学——山西省最高学府的一名老师。可以说，我实现了自己的职业理想。长期以来，我始终以成为一名山西大学的老师而感到自豪，更以一名山西大学的思政课老师而感到自豪。无论遇到什么困难，我始终叮嘱自己要不忘初心。

有的人可能不了解，以为政治课很好上，甚至认为给学生们读读报纸、看看新闻视频，就上好课了。其实还真不是这么一回事，政治课不好上，而且对教师的要求还挺高，需要教师讲清楚马克思主义基本原理的同时，紧紧抓住现实中的一些问题，联系党中央的大政方针，对学生关心的焦点问题、敏感问题、热点问题，一并作出说明和阐释，为学生破解迷雾，答疑解惑。这个其实很不容易，尤其是要让学生爱听、愿意听、不走神，往往需要教师使出十八般武艺和浑身解数。我有一个观点，要想讲好思政课，有两个需要，一个是需要教师具有深厚的理论素养，真学、真懂、真信，还有一个需要教师掌握灵活的教学方法，乐教、会教、善教，善教者才能使人继其志。也只有这样，才能使得学生认知体系转变为价值体系、信仰体系。

多年来，我一直从两个方面下功夫。科研上，我先上学，向别人学习，上博士，做博士后，去美国访学；教学上，我苦练基本功。

大家看我这个照片，这是上博士的照片，戴上博士帽了。　　　　这是我在南京大学做博士后时拍的照片。

这是我到美国访学时拍的照片。

说到上博士，我其实还想跟大家多说一点。当初我从山西农业大学一调回山西大学，就听说山西大学的老师还得上博士。这博士是个啥？我其实没听说过，也不知道。既然学校有这要求，那我就考博士，那就一遍一遍地查资料、找老师，主动地给老师打电话咨询。

2003年，我们一批人奔赴北京考博士。到了北京，即使坐公交车，都能碰到山西大学的年轻教师，去了中国人民大学，走不了几步，也能遇到咱们山西大学的老师。但是我运气不太好，正好差一分。

第二年，王毅、刘清江，还有周成龙、程英红、崔波……我们又相跟了一大批人，组织了一支队伍，浩浩荡荡奔赴北京考试。我们那一批人都是一战、再战、三战。但是最终大家考得都不好，都很沮丧，灰溜溜地准备打道回府。我一看这个情况，我说："不行，我不能回。"为啥？我当初跟我妈商量的就是："您过来给我看几天孩子，等我考完试您马上就回。"所以我不敢回去。我说："你们身上谁有钱？"大家这个剩下50，那个剩下100，还有的剩下80……不管多少，我请大家凑了点，一共凑了我记得好像是500块钱。然后，我让他们把我冬天的衣服都捎回去，又买了点春天的衣服，然后转战上海。

功夫不负有心人，我考上了，考到了南京政治学院上海分院。

在教学方面，我觉得基本功是非常重要的。常言道：台上一分钟，台下十年功。从教伊始，我就深深知道"张口饭难吃"这一句古训。为了讲好课，年轻的时候，我曾经对着大镜子练。练什么呢？练仪容仪表，练神态手势。现在尽管从教快30年了，我依然在每次上课之前要整理仪容，要练习语言、精心备课、筛选视频、选择教学内容，可以说，从教学语言到教学反思，我都已经形成了一种习惯。如果说哪一堂课没有上好，那就很难受，好几天情绪都不好，会不停地去向一些好老师们讨教经验。

课上好了，学生开心，我也开心。学生们对思政课从教学内容到方式的肯定，给予了我极大的鼓舞。

有的学生说：

"刘老师的课很有趣，刘老师的那些语言，或搞笑或感人或励志，有的颇富哲理引人深思，有的直指人心催人奋进。"

有的学生说：

"刘美玲老师是我上课仅仅几分钟，就记住名字的老师（没有之一）。那一条条'刘美玲语录'（例如'三观不同不要结婚'）。那一句句风趣却不乏关怀的送给大学生的话，让我重新认识了思修这门课程。"

还有一个体育学院的学生说：

"我印象最深的还是老师提出关于'能力和品德哪个更重要'的问题后学生积极上台发言的场景，这就是我理想中大学课堂该有的样子。"

每当听到学生发自肺腑地对我说这样的话，我真的感觉到非常开心，觉得自己在山西大学当一个老师是很自豪的。

家在山大

我的家就在山西大学。平时吃在山西大学，住在山西大学。因为家在山西大学，两个孩子也是在山西大学附属子弟小学、山西大学附属中学上学。

多少年来，我一直苦苦寻求着两个平衡：一个是教学与科研的平衡，一个是家庭与事业的平衡。教学与科研的平衡我现在掌握得还是比较好的，在我看来，教学与科研一旦发生冲突，应以教学为重。科研能反哺教学，但是大多数时候，尤其是我们文科的科研，我觉得基本上就是一个科研团队甚至一个人的事情。而教学是好多人的事情，要面对许多学生。所以说，天大地大，教学为大。

但是，家庭与事业，不瞒大家说，我真的是很焦虑。经常是顾得了学生，顾不了孩子；顾得了孩子，顾不了学生。我一直在走跷跷板，我真的不敢说大话，说自己走得好，只能说我勉强前行。我认为，一个女人，如果没有孩子，单单做事业也还容易。但是有了孩子，在这种情况下，我觉得真的比较难，对此我深有体会。我的小儿子年龄还小，正是需要妈妈的时候，每当学生有急事的时候，真的顾不上孩子。有一次我的小儿子在文科楼前步行街上玩，我当时正在给学生改毕业论文。因为学生快毕业的时候特别着急，围得水泄不通，当天必须改出来，所以就顾不上管孩子。结果有人告诉我，孩子脑袋碰破了。

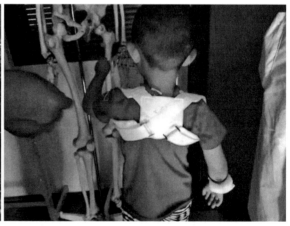

还有一次是孩子骑三轮车把锁骨给碰了，反正是磕磕碰碰不断。每当这个时候，我真的非常内疚，发誓要当个好妈妈。可是一转身就又忘了，往往是一头扎进工作中，殚精竭虑地想做好这个工作，生怕对不起"山西大学教师"这个称号，对不起学生的信任，对不起老师们的栽培。

爱在山大

从上大学踏进咱们山西大学这片土地起，我就喜欢上了这里，山西大学的一草一木深深地印在我的脑海里。我喜欢领着孩子去初民广场玩，我喜欢领着毕业生去山西大学堂旧校址那儿去拍照片，我还喜欢一个人去小花园漫步……

大家看这两张照片，这都是我闲暇时间拍的。每当这个时候，我真的觉得自己好幸福！能成为一名山西大学的老师，这该是多么幸运的事情！

坦白地说，在山西大学当思政教师的教师生涯也不是一帆风顺，也经历过低潮。很长一段时间，有些学生就不想上思政课，一到上课他就想做他的专业作业或玩手机。面对这些现象，我也很发愁，但是得想办法。我当初有一个信念，那就是——不放弃每一堂课，不放弃每一个学生。

举一个例子，音乐学院有一个学生，每次上课点名这个孩子都不在。学期中间的时候，我就发现这个孩子已经有好几堂课不在了。我就让班长叫他，叫他以后跟他一聊，发现这个孩子专业课还学得不错，但是好像有点其他心结。后来，我就跟这个学生聊天，叫他到家里做客，给他做拿手好菜，听他弹唱喜欢的歌曲，然后还听人家聊一聊他的家庭故事……慢慢地我和这个学生就成了忘年交。在我的鼓励与帮助下，这个学生后来不仅专业课学得好，政治课学得也特别好，后来还考到意大利国立皮亚琴察音乐学院学习。每当这个时候，我就为学生们感觉到自豪！

常言道，种瓜得瓜，种豆得豆，付出总会有回报。许多学生把我作为知心朋友，以前是当知心姐姐,我估计现在是知心阿姨了,或者是知心大妈,反正是给他们答疑解惑的心灵导师。我的微信上、QQ上、手机通讯录里,总是有许多学生,随时随地给我分享他们日常生活中的快乐与烦恼。我也经常被学生的青春活力鼓舞着、感染着,经常忘记了自己的年龄,跟着他们同频共振,一起快乐,一起高兴,一起流泪,一起难过。

真的是像一首老歌里所唱:

因为爱着你的爱,

因为梦着你的梦,

所以悲伤着你的悲伤,

幸福着你的幸福。

授人玫瑰,手留余香。我觉得好多时候教师是一个良心活,我想得也很简单,既然人家孩子叫我一声老师,我就要对得起"老师"这个称呼,不能辱没了"老师"这个称号。

作为一名2007年就毕业的"老博士",我始终坚守在山西大学思政理论课的第一线。像我们有些同学,毕业以后,好多都去了哲学学院、政治学院,甚至是经济学院,人家都觉得那是搞专业去了,以为这个马列、思政课就是宣讲。好多时候人们都说:"刘美玲,你还在讲马列课?"我说:"还在讲。"

早些年,我记得是经济学院的一个学生,她曾经问我:"老师,您是一位十分特别的思修老师,以您的才华在山西大学当一名思修老师我觉得有点亏,您觉得呢?"说实话,她问的这个问题我思考过,所以我很快地就回答了她。我说:"不亏。因为我爱山西大学,爱我们的学生,以后这个思政课,还会有更多的高水平的好老师过来给大家上。"我还是一直记得梁老师那句话——"让山西大学更多的学生受益"。因为思政课,面对的是全校的学生讲,受益面大,受益面广,专业课只对本专业的本学院的学生讲,受益面就相对少一些。

果不其然,新时代以来,尤其是习近平总书记2019年3月18日在学校思想政治理论课教师座谈会上发表重要讲话以来,思想政治理论课迎来了春天,以我个人名字命名的山西大学刘美玲名师工作室也成立了。我很感激组织上给我的这份荣誉,感激山西大学给我的这个平台。我觉得自己应该以百倍的热情回报母校,践行我做一名好老师的初心。

看，这是我正在组织进行的集体备课，有时候还是跨校集体备课，可以说，确实是以百倍的热情投入工作中去了。

2022年5月8日，我们迎来了山西大学120周年校庆，恰逢山西大学刚刚入围双一流高校，知道这个消息，我们老师们真的是奔走相告，走到校园里觉得空气都是甜的。20多年了，山西大学从落选211高校那一刻起，师生就憋足了一股劲儿奋进，真的是勠力同心，撸起袖子加油干。现在，终于迎来了山西大学的高光时刻。作为一名山大人，我的心早已与山西大学血脉相连，确实是校荣我荣，校耻我耻。我算了一下，离退休大约10年时间，说短不短，说长也不长，时不我待。在这有限的时间里，我发誓：我将不负山西大学，与山西大学诸君，共建山西大学，为振兴母校贡献自己的全部力量！

最后，让我借此机会，感恩山西大学，祝福山西大学，祝愿山西大学的明天更加辉煌灿烂！

谢谢大家！

赵瑞锁

桃李春风一杯酒，江湖夜雨十年灯

演讲者简介

赵瑞锁，男，山西临汾人，1963年4月出生，现任山西大学新闻学院教授、硕士生导师。1984年7月毕业于山东大学中文系，1984年至2017年在山西大学文学院任教，2003年起担任文学院副院长。2017年7月至今在山西大学新闻学院任教，并任新闻学院副院长。担任《经典研读》《影视语言与传播实务》等课程的教学。主要研究领域为电影电视文化、电影语言、纪录片理论与创作等。

在各级各类学术期刊已发表《论电视戏曲的专创意识》《转型期电视文化功能的蜕变》《十七年喜剧电影的另类探索》《历史幻象下的囚徒》等10余篇论文；先后出版了《龙的文化解读——世俗支配下的中国传统人生》（合著）、《山西大学百年风云》、《白云生处——乡宁文化探幽》、《月满西楼——赵树理作品中的沁河风情》等著作；并主持了"电视文化环境对小学教育的影响及应对措施""乡宁历史文化漫谈""山西省南部神话旅游线的开发研究"等5项国家、省部级科研项目；拍摄有《中华当代名医》《经济发展环境启示录》等电视纪录片100余部集，《中华当代名医》纪录片获2018年山西省教学成果一等奖，并在2020年入围国家科技进步奖（社科类），其中《神外巨人王忠诚》获得国家二等奖。

我给自己起的网名叫"桃李春风一杯酒"。许多加我微信的朋友说，一看网名就知道是当老师的。所以我顺手拿了下一句"江湖夜雨十年灯"做了今天的题目。这一句话可以概括我是怎么当老师的。

1983年的时候，我还在外省上大学，是大三。我当时的职业设计是很明确的，我说除了当老师干什么都行。结果第二年从山东大学本科毕业，分配到山西大学当老师。那一年21岁，当时学制短，21岁本科毕业是常态。上学的时候出于家乡情结，和舍友斗嘴总说山西大学好话。回来工作，因为是"外来户"，也不敢说山西大学不好。事实上我工作的38年，应该说已经把自己的血肉和山西大学紧密地联系到了一起。

刚入职中文系时，按照学校规定我在办公室帮了一年忙。后来还去讲师团待过一年，其间担任过几个月1984级新闻专业和图书馆专业以及汉语言专业丙班的班主任。时间虽然短，但是这段经历给我留下的印象特别深刻，或者说对我的影响特别深刻。我当班主任经验不多，但是这些教训却是不少。

大约几年前，和班里十来位同学聚会，大家很自然地分成了两个阵营。坐在我右边的，是当年从村镇里走出来的，坐在我左边的是城里孩子。右手边的同学开玩笑说，老师，当年你对他们好，不太关心我们。我说的确如此，农村孩子木讷一点，城里孩子敢于社交。我自己是从乡镇上走出来的，所以当时和胆子大的城里孩子打交道多一些。可是我又补充说，新当园丁，给他们浇水是多了一点，但是经验欠缺，浇的水基本上都是开水。右手边的同学都笑，其中一个，当时是报社社长，他说，老师，也不尽然，您当年来宿舍检查卫生，发现我练小提琴用的是简谱，您说应该用五线谱，我说买不到。第二天，您专门给我送过来一本五线谱教程，到现在这30年过去了我一直留着，作为一种纪念。我听了以后很感动。

同学们说我是他们的"发小"，不会记我的仇。但是我总结当班主任的经验就是，接手一份工作，经验是靠时间给予的，要积累，但是对学生的关爱之心却时刻不能或缺。如果有了这种关爱，你所犯的错误，做得不到位的他们都能理解，都能接受。去年一个当年毕业的城里孩子给母校捐了一笔款项做助学金，我问他促使他有此善行的原因，学校占几成？老师们占几成？他说老师们占九成。我喝了九杯酒表示感谢，我感觉到，120年的"山西大学"不是简简单单的四个字，她是四十几万山大人一辈又一辈，用一言一行一点一滴构筑而成的。

从行政上回归教师队伍以后，我在大学语文教研室工作。大学语文是公共课，我一教就是十几年。给音乐系同学讲屈原《湘夫人》的时候，有学生根据自己的理解做了钢琴曲《湘夫人》，在课间弹给我听，问我意境是否到位。我觉得这样的教学就很有意义。我还给当时参加全国青年歌手赛的同学写过歌词，她还得了奖，歌词名字叫《枫林向晚》。公共课不受欢迎是公开的秘密，可是我上得还算差强人意。经济系1992级学生十年返校时特别邀我参加，我很感动。我说公共物品最不容易保管，谢谢你们还记得我。讲公共课让学生认可，我并没有太得意，非专业的学生需要的专业知识层次浅，和我有共同语言，我恰好吻合了这一点，再加上用心和他们交流，我就被认可了。后来在学校教学改革的发展过程中，比如有打通文史哲的教学举措，我就认识到，这不是要把学生培养成兼通的人才，而是以自己的专业为主干，兼修其他以使主干更强壮才是目的。你教的学生是什么专业，他们需要什么样的其他知识进一步夯筑自己，这是施教者需要先思考透彻的问题。

1996年的时候，中文系的崔宏勋教授筹备建设戏剧影视文学专业。我当时写过一些电视片的稿子、解说词，算是离门比较近的"门外汉"，被崔老师调到影视文学专业代课。当时的专业建设很艰难，学科建设几乎谈不上。我们面对的都是新课，而且一上就是好几门，我还为此专门到电影学院进修过一年，回来上课也常常担心误人子弟。在这期间我又担任了中华医学会主持的大型文献纪录片《中华当代名医》的总撰稿。

我经常抽一些学生跟组学习。说实话，大多数在校学生对我帮助不大，等于另外给他们开了解说词的写作课。这部片子前前后后拍了5年，后来得了国家级的二等奖，对我讲课和带学生动手实践帮助很大。除了教学知识上的帮助，更多的帮助来自这些大医们对我的人格感染，像吴阶平、吴英恺、王正国、钟南山、吴孟超、裘法祖、王忠诚、王镭。因为是纪录片，我在采访的时候全面了解了这些名医的人生故事，灵魂也得到了一次洗礼。

吴孟超教授的事迹大家都比较熟悉，他的一件小事我特别地把它写到了纪录片里。大概是30年前，他的学生到国外研修，他希望学生能学成归来报效国家，给学生嘱咐说，你回来吧，回来时我到机场去接你。几年以后学生回来时，年近70的吴孟超凌晨5点到虹口机场去接学生，当时是冬天的凌晨5点多。这个学生后来想起来说，感觉到老师的白发像火焰一样在燃烧。

吴孟超 教授

裘法祖 教授

王忠诚 院士

顾玉东 教授

　　吴孟超的恩师裘法祖是武汉同济医科大学的教授，是中国的外科之父。他最早开展肝移植研究，还成功进行了动物实验，只等有了好的病例，就可以上手出成果了。后来上海的医院收治了一例病例，裘法祖把自己的研究成果无偿地给对方使用，这种老一辈在学术上、在名利上的无私精神放在当下更是难能可贵。

　　另一个学术奉献的典范是王忠诚院士，他20世纪50年代带着医疗队到过朝鲜战场，看到很多脑部受伤的志愿军战士，因得不到救治，走不出战争的阴影，回国后就开始研究脑神经外科。当时条件十分艰苦，科研小组的3个主要成员因为接触射线过多，有一个病逝了，有一个丧失了工作能力，王忠诚也多多少少受到了影响。王忠诚只要一紧张，他的白细胞就下四千甚至两三千，劳累之后总是高烧不退，可他硬是把中国的神经外科带到了世界前列，他说他不能休息，他身上寄托着3个人的使命。

　　王忠诚还说过一句话让我印象深刻，等我采访完这一切的时候，他很真诚地说，我特别感谢我的患者。我当时认为这是一个大家的谦虚，随着我当老师的时间一天一天地增加，我觉得这句话是他发自内心的。我后来也感觉到，我很感激我的学生，带学生的过程就是自己成长的过程，是我学生的成就使我感觉到人生生命的意义。甚至有时候也可能因我的失误、我的不足，还有对不起我学生的地方，所以我感谢我的学生是发自内心的。

还有一次让我难忘的经历是采访上海华山医院的顾玉东教授。当时拍完以后暑假结束了，我回学校上课。有一天突然接到摄制组的电话，说感觉到顾玉东很不好接近，满脸严肃，让我去试试。顾玉东人称"断指再植之父"，他断指再植的手术成功率在当时是百分之百。大家应该都有这样的生活和工作经验，任何一项工作如果它的成功率要求百分之百，一点失误都不允许的时候，操作的人神经是高度紧张的。顾玉东的面相他们看起来觉得不平易近人，而我看到的是一种大慈大悲。后来我去采访他的时候，从他同事口中听到他给一个19岁的姑娘做断指再植手术的过程让我很感动。

该手术的常规操作应当从大腿上采皮，然后缝合，半个小时到一个小时就可以完成。顾玉东却硬是从断指上和手掌上一点点往缝合处拉皮，这个手术做了十几个小时。术后同事不解，顾玉东说，孩子才19岁，还没有嫁人呢。我听了以后说，这是一个老父亲应该操的心呀。人常说医者父母心，顾玉东的故事就是一个具体的阐释。

在采访过程中，他的办公室闯进一名患者，说手术之后脚趾还有点疼，顾玉东就让他脱下鞋来给他检查，用手一根一根地捏他的脚趾头，问还疼吗？然后说，这是正常的术后反应，如果这周还不能好，下周四你来这找我，我给你继续检查。我记得星期四是因为当时准备第二周再去拍他，结果患者没有来，说明好了。

他被评为全国"白求恩式的大夫"，他的成长经历和他的家教有关。顾玉东讲他10

岁时得过伤寒，是一位王姓大夫两天一夜守在他的病床边，把他从死神手里拽回来的，病愈以后他母亲让他给大夫磕头，告诉他长大以后就要做王大夫这样的人。50年了，他经常念及这一点。我能感觉到他母亲的这句话影响他的终身。我也想起了自己小时候的一个经历，那时候日子过得很艰难，有时候爱耍贫嘴，我和我妈说，要是一低头捡两千块钱就好了。本来是句玩笑话，但我母亲严肃地对我说，一辈子别起这样的心，你现在就想一想，你捡两千块钱，你让丢两千块钱的人还活不活！这些我也和我的学生讲过，现在我的学生有的都当了爷爷奶奶，他们也渐渐意识到父母的教育是教育中第一重要的。我也希望我的学生为人父为人母，要做好家教。现在国家强调家风教育，我觉得导向很好。只是有的人刻板，背一肚子什么氏家训，我觉得没有必要那么教条死板，只要认认真真做人，教孩子认认真真、老老实实、善良地做人，孩子将来的发展就不会差。

影视文学专业1996年开始建立，到现在可以说毕业的学生各有成就。有的升了职，有的发了财，有的名声很大。有一个学生在电视台做主持人，名声不大都不行。有一年太原的一名中学生考上了大学，父亲因为见义勇为受了伤，家庭比较困难，当时他在电台呼吁爱心人士给这名中学生捐点善款，帮助一下。有个企业答应捐款，但是希望这名中学生代言式地给他们做宣传，可他考虑到这个学生的心理接受程度和以后的发展，总而言之出于尊重这个学生的意愿没有同意。最后他和几个同事凑了一笔钱帮助这个学生解决了上学的问题。有些大学拿学生升多大官、出多大名、挣多少钱引以为傲，这么简单地去培养学生，不能说不正确，至少是不准确的。如果学生具备了现代人应该有的人文情怀，那么大学教育就是成功的。

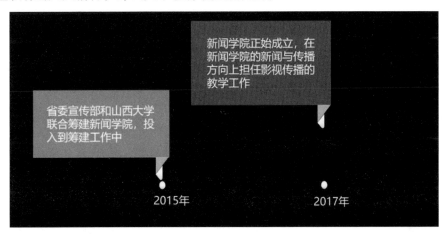

2015年省委宣传部和山西大学联合筹建新闻学院，我参与到了筹建工作当中。2017年新闻学院正式成立，我在新闻学院的新闻与传播方向上担任影视传播的教学工

作。这是一个新的岗位，怕是投入不了多少精力就该退休了。谈不上多少教学心得，可是我一直在叮嘱我的学生们多读点书，希望他们养成读书的习惯。市场社会很容易让人耽于功利，因为读书可以考学，可以写论文，可以升职。其实读书不仅仅是手段，我觉得读书甚至应该是一种目的，是一种生命体验。一个受过高等教育的人享受读书，就拓展了自己的生命宽度。读书不一定使你物质丰富，但是却可以在你富裕之后少一点暴发户的习性，所以我希望我的学生养成读书的习惯，把生活过得更丰富多彩一点。

20多年前应邀写《山西大学百年风云录》在太原日报连载，系统地了解了山西大学的历史，如今更觉得我们的学校风风雨雨走过120年，实在是不易，唯愿她借百廿风力，走在时代潮头。

我的职业生涯不敢奢言桃李春风，我只是认可末尾的"一杯酒"。至于"江湖"二字，我是这么理解的，决策层在庙堂之殿，我一直在一线教书，自认是江湖也算合适。"夜雨"是度过的美好环境，我不认为"夜雨"凄苦，我认为是一种诗意。至于"十年灯"，又何止10年，到今天30多年。除了读书，除了思考，喝点小酒打点小牌。当然了，最快乐的还是读书。我用这一句话来总结和承托我这种散淡的职业生涯。

董江爱

我的学术生涯与田野兴趣

董江爱　演讲视频

演讲者简介

　　董江爱，法学博士，山西大学政治与公共管理学院教授、博士生导师，山西省人文社科重点研究基地——城乡治理研究中心主任。曾获第十届十大中国"三农"行动者、宝钢优秀教师奖、山西省教学名师奖、山西省模范教师、三晋英才（骨干拔尖人才）、山西省研究生教育优秀导师、山西省131人才、山西省三八红旗手等荣誉，兼任中国政治学会常务理事、山西省政治学会会长、山西省乡村振兴专家委员会成员、山西省女性人才研究中心副主任、山西省智库协会特聘高级专家等。主要从事资源政治、乡村治理等方面研究，在《政治学研究》《马克思主义研究》《中国行政管理》等期刊发表学术论文100余篇，出版著作10余部，获奖多项。在学生培养中，注重通过实践教学中"以知促行—以行求知—笃行生知"3个步骤，培养"知行合一"的高素质应用型人才，组织培养本科生科研团队在科技部、教育部、团中央等中央部委组织的全国大学生"挑战杯"课外科技作品竞赛中获奖9个，其中特等奖2个，二等奖4个，三等奖3个。培养了200多个研究生，其中不少博士、硕士学位论文被评为省级、校级优秀毕业论文。

各位老师、各位同学、亲爱的校友们：

大家好！

我是山西大学政治与公共管理学院的教师董江爱，主要从事资源政治、乡村治理、基层民主等方面的研究，今天我就给大家谈一谈我的学术生涯和田野兴趣。

我的田野缘分

我从小生活在农村，上大学之前，就没有离开过农村，所以对农村和农民有深厚的情怀，对农村的落后也深有感触，一直都有想为农村和农民做一些事情的想法，尤其是想为农村的老年人做一些事情。我之所以想为老年人做事情，主要与我的奶奶有关，我的奶奶对我很亲，在我还不会走路的时候就经常抱着我串门，我会走路以后，就成了奶奶的跟屁虫，成天跟着奶奶串门、走亲戚，甩也甩不掉。随着我慢慢长大，奶奶走不动了，我就扶着奶奶去串门，用小平车拉着她去走亲戚。因为自小与奶奶相处最多，对农村老人的生活不易也就了解更多。现在，在我的田野调查中，农村的老人就是我最重要的采访对象，也是我最主要的研究对象，还是我最关注最想帮助的服务对象，我硕士学位论文的选题就是由此而产生的。

记得在山西大学历史系读硕士期间，我果断地选择了近代华北农村家庭养老问题，作为我的学位论文研究主题。我试图通过深度研究中国优秀的尊老爱老的传统文化，进而在农村打造一种尊老爱老的社会风尚，让农村老人都能够过上受人尊重的幸福生活。我选择了这个研究主题以后，由于当时这方面的研究成果很少，我不知道如何下手。当时，我的导师乔志强先生就建议我到农村去调研。从此，我就开始了田野调查。当时，我正在山西农业大学任教，属于在职攻读硕士学位，一边工作，一边读书，还要带娃。所以，每到周末和没有课的时候，我的爱人就会骑着自行车，儿子坐在前面，我坐在后面，一家三口到山西农业大学周围的村庄去找老人聊天。就这样，调查了大约一个月，又查阅了一些文献资料，比如说县志、村志，还有族谱、家谱，通过调查研究和文献资料的查阅，我有了基本的研究思路。回去给导师汇报以后，导师直夸我进步太快了，导师的夸赞一下子让我尝到了田野调查的甜头。现在想一想，这可能就是我喜欢田野调查的缘起。此后，我的研究生生涯就是在不断地深入调查研究中完成的。平时是在山西农业大学周围的村中做调研，寒暑假期间我们一家就回到了我的老家，在老家夏县农村进行调查，所有的调查任务基本上都是老公陪着我完成的，至今回忆起来都是满满的幸福。

硕士毕业以后，我在导师乔志强先生的鼓励下，考上了中国人民大学的博士。攻读博士学位期间，除了查阅一些文献资料，我还是选择以调查研究为主。在攻读博士学位的第一年，我主要是完成博士课程的学习，并在此基础上围绕我的硕士论文，撰写并发表了几篇学术论文，顺利晋升了副教授的职称。第二年就开始了我的博士学位论文写作，选题是《阎锡山所进行的山西村治》，这方面的研究成果也不多，主要还是以田野调查的方式搜集第一手研究资料。但我在博士期间的调研与硕士论文的调研相比起来，要复杂得多、困难得多，我在博士期间的调查可能就是我田野调查兴趣的培养时期。

2001年博士毕业以后，我调到了山西大学政治与公共管理学院任教，从此就开始了以田野调查为主要研究方法的学术生涯。当时，为了下乡调研更方便，我家借钱买了辆小轿车，我爱人从此就成了我和我的学生下乡调研的司机，但他发挥的作用远比一个司机要重要得多。因为我爱人就是在山西农业大学上的大学，大学毕业以后留校任教，此后他在左权县下乡扶贫一年，还在安泽县挂职锻炼5年，带领农民群众发展产业。所以说，我爱人比我更了解农村，而且在我们调研期间，他能够为农民群众解决很多现实问题，比如说农业生产的技术问题，再比如说农产品的储藏和加工问题等，很受农民群众欢迎。他还帮助我们与村干部协调，解决我们的住宿问题，并帮助我们与村民协调关系，说服他们接受我们的采访。每天调研结束以后，他还和我们一起讨论调研中所发现的社会现象和政治现象。所以，对于我来说，在田野调查中，我爱人就是我的天，有他在我就很踏实，什么都不怕；对于我的学生来说，他所发挥的作用一点都不亚于我这个导师。从我作为研究生导师20年的经验来看，在研究生的培养中相关学科的交叉融合特别重要。记得有一次，我带着团队成员下乡调研，发现了一个特别奇怪的现象，就是在落后的贫困山区存在大量的废弃小山村，也就是我们常说的山庄窝铺，造成了大量的资源浪费。在这一状况下，我就指导团队成员和我的学生写了一篇咨政报告，建议政府设置一些项目，这些项目由不同专业的导师带着不同专业的学生，共同来开发这些废弃的小山村。这样的话，既可以为贫困山区做一些力所能及的事情，也可以贯彻习近平总书记的指示，确保把论文写在祖国大地上。

我的田野课堂

我对学生的培养主要采取的是团队导师共同培养的模式，每一个学生报一个导师却能够享受到团队所有导师的共同指导、共同培养。

在对学生的培养中，我始终注重理论教学和社会需求有机结合、课堂教学和田野调查有机结合的教育方式。在理论教学中，除了学院安排的一些课程之外，我们团队还针对不同的研究方向给学生开设了一些课程，比如说经典导读、前沿问题研究、热点问题研讨、政策分析等，由我们团队的老师轮流主讲或者组织，不断扩大学生的知识面，深化学生的理论思考；在实践教学中，我们主要是贯彻落实习近平总书记的指示，习近平总书记明确指出："学术知识不能只是在嘴上，要联系实际，做到知行合一"，要求理论工作者"从国情出发，从中国实践中来，到中国实践中去，把论文写在祖国大地上。使理论和政策创新符合中国实际，具有中国特色。"

我的实践教学通过三个步骤培养"知行合一"的高素质应用型人才。第一步是以知促行，第二步是以行求知，第三步是笃行生知，通过这样的三个步骤培养"知行合一"的高素质应用型人才。

第一步以知促行，是指导师带领学生深入农村进行社会调研，把课堂搬到社会上，在调查现场面对面、手把手地指导学生，让学生学会如何运用所学的理论知识和专业知识认识社会、感悟社会、发现并分析社会问题，解释调研中发现的社会现象和政治现象。在调研的过程中，我们也经常帮助农民解决一些问题，讲解惠农政策，比如说我们在武乡县石圪垤村调研的过程中发现，这个只有300多人的小山村，资源极为丰富，但这里的村民主要还是靠下煤矿、到煤窑里赚钱，把自己那么好的资源都白白浪费掉了。

所以，我们就想给村民作一些讲座，讲一讲惠农政策，重要的是讲一讲乡村振兴战略，以激发村民参与乡村振兴战略的热情，说服他们或者是帮助他们把村中丰富的传统文化、红色文化和生态资源整合起来，通过保护利用文物、盘活村中闲置的土地和宅基地等资源，形成资源优势，再利用文物、文化把资源优势变为一种发展优势，决不能抱着金饭碗讨饭吃。这次组织村民说起来真是很难，本来我们下午3点要举办讲座，结果快4点了还没有人来，经过村干部的再三催促，才来了几十个人，而且大都是老年人。说实在话，我当时一点积极性都没有了，甚至怀疑这些老年人能不能听懂我所讲的不太标准的普通话。但是我开讲以后，慢慢发现这些老人眼里冒光了，他们听得都很认真，而且不断地对我点头，我意识到他们听懂了，越讲越有劲，课后村民们都反映讲得很好，他们很受启发。那么，第二次我们再组织村民，就是在村委会换届选举之际，我又去这个村组织村民讲村"两委"换届的政策，而且主要是村党组织书记"一肩挑"的政策。这次村民的参与就特别积极，约定仍然是下午3点讲课，3点以前我准备去，村干部说不要去，村民肯定还没有到，咱们不着急，快4点钟再过去吧！那个时候有人就不错了，我说那不行，必须去，结果没想到的是，我进了教室，教室里挤满了人，年龄最长的是90岁的老爷爷，这说明只要你讲的知识是村民需要的，他们就一定喜欢听。在帮助村民解决问题的同时，我们还会帮助企业家破解村企关系的困境，还会帮助基层干部破解乡村治理的困境。

第二步以行求知。以行求知一方面是指导老师带领学生进村入户，进行社会调查，向农民群众请教，在农民群众那里，我们不仅能够了解到社会现实，收集到大量的一手资料，还能够学到做人做事的哲理。在长期的农村调查中，我们能够深切地感受到农民群众的淳朴、善良和伟大，这能够培养学生很深的农民情怀，也能够进一步加深我的农民情怀；另一个方面是指导老师带领学生进入政府机关和企业工厂，向机关干部和企业家请教，听基层干部讲政治领域的改革创新，听企业家讲企业改革的知识，我们不仅能够从中学习到基层治理的经验，而且还能够从基层创新中领略到基层治理的前沿理论，能够明白基层政府和企业发展的艰难和不易，也能够在这个过程中让我们的学生领会到自己知识的不足和能力的缺乏，继而通过努力学习来弥补不足，激发学习的内在动力。

第三步笃行生知。笃行生知指的就是在长期的扎实的调研中，我们的学生能够通过踏实的社会调查获取知识或者生产知识。一方面，学生在社会调查中不仅能够收集到大量的第一手资料，能够获取大量的认知社会的实践知识，而且还能够在社会调查过程中，不断在导师的指导下领略到认知社会的理论知识，以及理论和实践相结合的经验知识；另一方面，我们在调查过程中，还经常地组织各种实地座谈会，比如说村民群众座谈会、乡村干部座谈会、企业家座谈会等，我们每天晚上还会组织老师和学生，针对当天的调查问题和我们发现的一些重要现象进行研讨，使学生能够从这些座谈会和研讨会中获取在课堂上获取不到的知识，还能够在导师的指导下通过参与导师的科研活动生产知识，如在导师的指导下撰写研究报告、咨政报告、学术论文、出版著作等。

我的田野认知

田野既是培养学生最大的课堂，也是培养学生最好的地方。在那里，既有学生在课堂上听不到的知识，也有学生在课本上学不到的理论，还有学生在校园里找不到的老师。在田野这个大课堂上，导师既可以指导学生运用自己掌握的理论认识社会、理解社会，发现并分析社会问题，解释社会现象和政治现象；也可以指导学生通过现象来创新理论，或者证伪理论，最终把我们的学生培养成为"知行合一"的高素质应用型人才。

自从到山西大学任教20多年来，我通过田野调查在科研方面取得了一定的成绩，比如说我主持国家社科基金重点项目、一般项目，省部级项目及企事业单位委托项目30余项，发表学术论文100余篇、出版著作10余部。而且，我也获得了很多的荣誉，比如说第十届十大中国"三农"行动者，还有山西省教学名师、山西省三八红旗手等荣誉称号。

我在培养学生方面也取得了一些成就，连续组织了20多个本科生科研团队，重点培养本科生认识社会、理解社会的能力，组织本科生组成团队参加由科技部、教育部、团中央等中央部委所组成的全国大学生"挑战杯"课外科技作品竞赛，这个竞赛每两年举办一次，我自到山西大学以后每届都参加，几乎每届指导的学生都能获奖，先后9次获得全国大学生"挑战杯"课外科技作品竞赛奖，其中特等奖2个、二等奖4个、三等奖3个。同时，我还培养了200多个研究生，在研究生的培养中，我重点是培养他们的科学研究能力，在带领学生深入调查研究的基础上，指导学生撰写研究报告、咨政报告、学术论文等，有的学生写的咨政报告被领导批示，我所指导的博士生和硕士生很多学位论文也被评为省级和校级优秀毕业论文。

我喜欢田野调查，我热爱以田野调查为主要方法的科研工作，是田野调查成就了我的科研工作，如果说一个人最大的幸福就是他的兴趣和工作一致的话，那我就是那个幸运者！我的演讲到此结束。

谢谢大家！

双少敏

化学专业学生国际化培养的故事

演讲者简介

双少敏，女，二级教授、博士生导师，山西大学国际教育交流学院副院长、化学化工学院化学学科学术委员会主任。

1998年获华南理工大学博士学位，1999年至2002年赴香港浸会大学从事博士后研究，先后赴加拿大多伦多大学、加拿大麦克马斯特大学、日本大阪大学、美国华盛顿大学、澳大利亚詹姆斯库克大学等进行高访研究。研究方向为发光探针的构筑及分析应用。曾讲授《Chemistry English》《分析化学前沿》等课程。持续主持国家自然科学基金项目6项，发表SCI论文160余篇、高被引论文3篇，授权发明专利18项，出版专著2部、译著1部。

曾获国家技术发明二等奖1项（排名第三）、山西省科技进步（自然科学类）二等奖2项，入选山西省三晋英才支持计划拔尖骨干人才、新世纪学术技术带头人333人才工程、省委联系的高级专家，获山西省优秀研究生导师、省教科文卫体十大杰出知识女性、山西大学师德师风十佳标兵、全国"三八红旗手"荣誉称号，被中华全国总工会授予"全国文明家庭"，十三届全国人大代表，兼任山西省化学会常务理事、亚太环糊精化学国际委员会委员及《分析化学》编委。

老师们、同学们：

大家好！

我是双少敏，来自山西大学化学化工学院和国际教育交流学院，今天我和大家分享的是：化学专业学生国际化培养的故事。

我在山西大学学习和工作整整40年了，培养出硕士研究生50多名、博士研究生30名。他们在读期间，经我推荐到香港和国外大学进行交换的学生达到了20多人，目前毕业的学生中有的已成长为教授、博士生导师，有的在国家重点实验室工作，有的在外交部工作。那么，关于化学专业学生国际化培养的故事从何说起呢？

要从香港浸会大学的访学开始！1998年，我受邀参加在香港浸会大学举办的国际会议并作邀请报告，会议交流活动中遇见了一位和我专业相同的教授，共同的研究兴趣使我之后有机会开始了在香港浸会大学化学系的两年博士后研究。我感受到香港是一个中西文化交汇的地方，是高等教育与国际接轨的地方，我也深深地感受到我们的学生培养要上升到国际教育层面是必然趋势。所以在我即将结束博士后研究的时候，我就向合作教授提出了一个请求：希望可以让这个合作交流的关系持续下去，促进我们研究生的联合培养。最终，在我们双方的共同努力下促成了这项合作。在香港浸会大学的访学使我认识到真正在高等教育层面国际交流的重要性，因此萌发了一定要让我的团队、我的学生走出去的想法。走出去看看外面的世界，走出去会有更多的收获。

通过参加国际学术会议，我很荣幸被南开大学的刘育教授推荐成为亚太环糊精化学国际委员会（Asia-Pacific Cyclodextrin Committee）的委员，在这个国际学术组织里，成员之间可以进行充分的学术交流，每每开会每个委员要作报告且有主持学术报告的任务分工。这种在国际学术组织中的锻炼，让我有了走向世界的勇气，胆子是练大的，因此，我迈出了国外大学访学的第一步，首个访学之地是多伦多大学。在多伦多大学化学系我有机会在Michael Thompson教授的课题组访学，他是非常知名的分析化学教授，他的课题组在学生培养和学术引领方面有其独特的风格，我在此受益良多。读万卷书还要行万里路，我每年都会参加相关国际会议和赴国外知名大学访问交流，先后赴美国华盛顿大学、德州理工大学、加拿大麦克马斯特大学、西安大略大学、德国马普研究所、日本大阪大学、新加坡国立大学、澳大利亚佛林德大学、韩国仁荷大学等进行访学交流。我把香港的一些好的经验和国外大学高等教育的一些好的做法融到自己的教学与科研中，尝试在高年级本科生中开始化学专业课程化学英语教学。在这门课上要求学生要有胆量，教学环节中围绕小的专题要求学生站到讲台前面作口头报告。不同程度锻炼学生专业英语的听、说、读、写能力，这一系列的训练，也为我们山西大学化学化工学院的学生从本科毕业直接走向国际知名大学奠定了基础。

记得我曾推荐到美国华盛顿州立大学读博士的两位本科学生赵煜和康建明同学，他们属于无须扬鞭自奋蹄的类型。赵煜同学本科三年级就在我课题组从事科研工作了，化学英语课上得到良好培养，所以推荐到华盛顿州立大学攻读博士学位还算顺利。在赵煜博士毕业的时候，华盛顿州立大学的导师问我是否有可以推荐的学生人选，我就推荐了康建明同学，当时他的挑战是比较大的，与他竞争的是上海有机所的一名研究生。该研究生已有发表的SCI文章，而康建明同学仅仅是山西大学化学化工学院的本科生，康建明同学对我说："老师，我可能希望不大。"我鼓励他："我们可以试，一定要有信心！"当时那位研究生面试的时间在康建明同学之前，结果没有被录取。康建明同学十分紧张，又跟我说："老师，他都没有被录取，那我就更没希望了。"我说："不，你的希望正好来了！是时候了，你一定要努力！"在我的鼓励下面试居然通过了。考核组认为这个学生能用非常简单的语言来表达一些专业术语和研究工作，正因为这一点，被华盛顿州立大学成功录取为博士研究生。因此我时常跟学生讲："起点不决定终点，只要你努力凡事都有可能！"

曾经有一名本科生名叫武力，被韩国仁荷大学录取读博。记得当时我们课题组请来了韩国仁荷大学的教授，这位教授的研究兴趣是有关PM2.5的单颗粒分析，武力同学对环境分析化学非常感兴趣，她说："如果这个老师愿意接受我，我一定去！"最终在我的推荐下也顺利地进入了仁荷大学，博士毕业后被天津大学引进。另外一个同学的故事是什么呢？

当时我们请来了加拿大西蒙菲莎大学的于化忠教授作报告，在报告结束提问环节，张立身同学把握机会，用英语提问，引起了教授的关注，随即教授就说："我认可你，如果你愿意到我的课题组，我写个字条就会收你。"虽然是玩笑话，但是张立身同学就因这个机会，到加拿大西蒙菲莎大学读了博士！上面的4个本科学生表现都非常优秀，在我们山西大学化学化工学院树立了很好的标杆。而且我推荐的这些学校，学生都能够拿到全额资助的奖学金，他们无需担心费用问题。

在分类培养方面，对于本科生的培养，主要是培养他们的知识获取能力，而不同于本科生的是，研究生的培养主要是拓宽其国际化视野和提升其创新知识的能力。起初让他们参加一些跨文化活动，如在每年的暑假，国际教育交流学院会有一些短期来访的海外留学生交流活动，我会安排化学化工学院一些相关的博士生报名参加，在访学活动中尝试与国际学生交流，从而得到有效历练。在活动中，让研究生树立国际化的意识和理念，开阔他们的视野，达到跨文化的交流。又如鼓励学生参加会议。我认为我本人是从参加会议走向国际化的，因此我也让我的学生在读期间参加各种各样的国际会议。有些学生多次参加在国内召开的国际会议，在会议上充分地与海内外学者、学生们进行交流。在厦门召开的一次国际会议上，因我临时有事不能参会，不得已就安排我的研究生吴锁柱替我作了英文报告。会议结束后他告诉我："老师，我自己感觉还好，你看我穿了西装之后，也像个教授吧！"我说："非常好，你还需要给咱们课题组同样用英文作一次会议上的报告，让未去听会的同学也感受一下！"我们的学生都是在这样的氛围里去锻炼、成长。对于国外举行的国际学术会议，我也会争取让学生参会。在新加坡召开的国际学术会议，我受邀作报告，我带了学生一起去，临行前叮嘱学生说机会难得，一定要有所收获。

参会的学生和国际学生沟通交流得也很愉快，有的成了很好的朋友。我认为国际化的过程从文字与文字间的交流上升到面对面的交流是一种跨越，语言架起了沟通的桥梁，从这些学习、交流活动中拓宽国际化视野。

我自己总在思考一个问题：我们不能只是单纯地参加会议、观光旅游。要想我们有什么样的参会收获，参会后，是否可以和相关教授建立合作关系；想到以学生为本，我们的学生是不是一样可以走出去，走到国外的实验室，去感知异国文化，提升研究能力。

曾在日本大阪大学访问结束时，我和井上佳久教授沟通说："有没有可能让我的研究生也到您这里来读博士？"他想了想回答说："一般来讲，来我实验室的都是中国政府奖学金资助的学生，还没有培养过受日本奖学金资助的中国学生。"我说："我想推荐我的学生梁文婷来您课题组读博，不知有没有可能性？麻烦您帮助申请，好吗？"他说可以试一下。所以这样的一试就有了机会，梁文婷同学最终走入了日本大阪大学攻读博士学位，而且获得了日本最高的奖学金。博士学位拿到的第一时间就给我打电话说："老师，我想回山西大学工作！"我说："你的优秀足以让山西大学欢迎你回来！"最后她成功入职到山西大学环境科学研究所，现在她发展得很好，先后获得国家青年基金和面上基金，已经成为教授、博士生导师。

刚才我谈了走出去，下面我们说的是请进来！随着国际化进程的加快，我尝试招收海外的留学生来我们课题组读博，来自也门的博士生Bassam到我们山西大学进行他博士期间的学习、跨文化的交流，为我们的课题组增添了国际化色彩。

在此基础上又招收了来自苏丹的博士生Omer。他们把国外的文化带到了课题组里，课题组中的英文氛围也更浓厚了。

在教学环节上，我作为学科带头人，要求我们有海外背景的老师要用英文授课，在每个周末的研讨会上，我们课题组要用英语进行学术交流。国际化的推进倒逼着我们的老师必须用英语来交流、授课，老师们也从中得到了锻炼。由于疫情的影响，有些课程采用线上讲授，2022年山西省教育厅的来华留学线上精品课程立项，全省共有10项，我们学科团队里的王丽老师拿到其中1项，在后续留学生课程建设中更有信心了！

接着是请进一些知名的教授。很多国内外的教授受邀来访我们课题组进行交流指导。

如多伦多大学的Michael Thompson教授，当我访学结束，要离开的时候邀请他来山西大学访问。几年之后，Michael Thompson教授如约而至，并为我们作了一系列精彩的学术报告，来访期间，我鼓励学生要积极交流互动，要勇于发现问题并提出问题，敢于质疑，从中激发学生的创新思维，我们课题组的学术氛围也因此更加浓厚。

又如来自法国的诺贝尔化学奖获得者，超分子化学之父Jean-Marie Lehn（莱恩）教授也来到我们学校进行了访问。由于我所做的研究涉及一些超分子化学内容，因此学校安排我陪同莱恩教授的来访。在此期间我们进行了深入交流。我曾问莱恩教授来中国有多少次？他说来中国已经22次了。我对他总是精力充沛、保持那么好的精神状态感到好奇，发问他源于什么样的动力？他微笑着回答：对自然充满好奇！所以对自然的好奇心也是我们科学研究人员应该学习的。

我认为"走出去、请进来"是学术合作与交流的最高境界，有助于构建创新型国际学术交流平台。我努力尝试博士生的联合培养这条路能不能走得通，首先鼓励学生积极申请国家留学基金委的资助赴国外交流学习，曾有3名博士生在读期间先后获批国家留学基金委资助出国。

其中，博士生张雯佳在留学基金的资助下赴美国华盛顿州立大学化学系合作研究两年，获得博士学位，现已留山西大学工作。另外两位同学非常遗憾，由于疫情，他们获批的资助一再延期，因临近毕业，没能如愿出国。但是我不想浪费这个机会，想做进一步争取，于是和澳大利亚詹姆斯库克大学的教授联系，是否可以考虑联合培养博士生事宜。

经双方不懈努力，终于促成山西大学和詹姆斯库克大学签署了联合培养博士生的协议。在有疫情的情况下，该大学破例招收了我们的学生雷鹏，且其已经成功注册成为澳大利亚詹姆斯库克大学的博士研究生。这项合作协议的签署是山西大学积极响应《教育部等八部门关于加快和扩大新时代教育对外开放的意见》的号召，全面落实国际化合作办学新理念，加快推进国际化合作进程上的新成果，为广大师生搭建了崭新的国际合作与交流学习平台，并进一步提升了我校的国际知名度和影响力。

回顾化学专业学生国际化培养的历程，与香港浸会大学化学系合作交流是关键的一步，积累了经验，培养了人才，从而也开启了与许多国际知名大学合作研究的大门。我们的很多学生和课题组的老师都在这些大学里留下了学习和研究的足迹，其实从他们身上无疑是讲述我们山西大学的故事，也在向世界宣传我们山西大学！

现在是全球化、国际化的势头，发展的趋势是必然。在双一流建设的背景下，学生的国际化培养确确实实是任重道远，需要我们共同的努力。新的征程再出发！120周年的校庆，祝福我们的母校生日快乐！明天更美好！

汪丽蓉

春风化雨　细推物理——山大物理人的故事

演讲者简介

汪丽蓉，浙江海宁人，教授，博士生导师，山西省青年三晋学者，山西省131领军人才工程人选，现任山西大学激光光谱研究所副所长。1994年，获山西大学物理学专业学士学位，2002年，获山西大学光学专业硕士学位，2008年，获山西大学原子与分子物理专业博士学位。2011年、2014年，先后赴法国国家科学中心和日本电气通信大学做访问学者。

主要从事超冷原子分子物理、基于光学频率梳的精密测量、全光量子器件等方面的研究工作。先后主持承担了国家自然科学基金面上项目4项和山西省重点研发（国际科技合作）等省部级项目6项，参与了国家重大科学研究计划、科技部国际合作项目、教育部"创新团队发展计划"、国家基金委重大研究计划和海外及港澳学者合作研究基金等项目。在Phys. Rev. A, Opt. Lett.和Appl. Phys. Lett. 等重要学术期刊发表学术论文百余篇，授权国家发明专利20余项。相关研究成果获得山西省科学技术奖自然科学类一等奖两项（分别为第二和第四获奖人）。主要承担力学、原子物理学、现代原子分子物理等本科生课程的讲授，其中原子物理学获国家精品课程和国家级精品资源共享课（主要参与人）。

我是土生土长的山大人，1990年考入山西大学，到现在已经在山西大学待了30多年。我和山大一起走过了她的90岁、100岁和110岁的生日，2022年又迎来了她120岁的生日。山西大学在这漫漫征程中散发出她独有的芬芳，演绎着自己的传奇。

我今天要讲述的是与山大物理有关的故事。先从深刻影响了我的三位导师讲起。

俯首甘为孺子牛　潜心教书育英才

第一位，苏大春教授。与苏老师的第一次交集是在一堂实验课上。我是1990年考入山西大学物理系的。也许是系里对我们这届新生的特殊照顾，在每个周日晚上都安排下周实验的预习。按常规，带普通物理实验的老师一般都是刚刚毕业留校的年轻老师，或者是有一定经验的实验老师，但我第一次上预习实验课的时候，遇到的却是一位平易近人、温文儒雅的长者。那个年代，我们在高中的实验课都是老师演示学生看，自己基本没有接触过实验仪器，所以到了大学里处处看到的都是新奇。老师看着我们这帮对实验无从下手的学生，耐心地讲解，不厌其烦地回答我们幼稚的问题。那节实验预习课的感触就是，觉得老师似乎有一种魔力，能使你不自觉地思想活跃起来，产生很多想法。至今实验课上老师清晰的讲解和条理的分析，以及学生们围着老师听他讲评实验的场景仍然深深地印在我的脑海之中。之后高年级的学长告诉我，那是物理系主任苏大春教授，由于缺少带实验课的老师，他承担起了本科生的实验教学。

之后在硕士阶段又聆听了苏老师讲授的高等量子力学。他的教学内容严谨透彻，注重基本概念的讲授，表达物理本质明晰准确。他对待教学工作，不仅具有高度的责任心，更重要的是他具有内在的激情。从他的言谈举止中，从他偶尔课间提笔行诗中，让我们深深地感受到苏老师深厚的文化底蕴。我们这些有幸跟随过他学习的人都有这样的体会，苏老师尽管平时很少和学生们讲为人处世的道理，但在他的教学活动中，却处处体现了他教育我们怎样做人和怎样做学问。1994年，苏老师已经年近退休年龄，可能是由于专业课老师的断层，年轻教授尚未成长起来，物理系觉得他的量子力学课无人可以替代，他依然每学年承担物理系基地班本科生的量子力学课，有时还担任双语教学的原子物理和热力学统计物理的授课，直至2005年张云波等一批年轻老师从国外归来。

　　山大物理正是有着这样一批优秀的老师，他们始终恪守着传道、授业、解惑的职业使命，在三尺讲台上默默躬耕，为山西大学物理学科的建设和发展倾注了毕生的心血。

不忘初心持坚守　呕心沥血铸辉煌

　　第二位，彭堃墀院士。1961年，彭老师大学毕业，他响应党和国家的号召"到祖国最需要的地方，做祖国最需要的工作"，与他相伴一生的爱人谢常德教授来到山西大学。从此，六十多载悠悠岁月，都深深地烙印在三晋大地上。20世纪80年代，彭老师从美国留学归来，以敏锐的战略眼光，紧紧抓住量子光学发展的历史机遇，在山西省委和省政府的大力支持下，在国内率先建立了量子光学实验室。

"量子光学是二十世纪末期发展起来的前沿学科，随着信息科学的迅速发展，以及经济、国防和人民生活对信息的巨大需求，量子光学的研究和应用日益引起世界各国政府的高度重视，量子计算、量子通信和光量子器件等也成为国际关注的研究热点，在该领域建设相关的国家重点实验室是十分必要的。"2002年，也是山西大学建校100周年的那一年，好消息不断从教育部和科技部传来，山西大学光学学科入选国家重点学科，量子光学和光量子器件国家重点实验室获批，这一年是令山大物理人振奋的一年。

秉持着"爱国、攀登、奉献"的精神，在彭堃墀院士等老一辈的带领下，山大物理人在地方高校建成了一支高水平的师资队伍，率先在地方大学建成了国家重点实验室，为在经济欠发达地区的地方高校建设高水平学科"蹚"出了路子。如今的物理学科经过近40年的建设和发展，在量子光学和量子信息等前沿基础研究领域，在光量子器件、激光技术、精密测量等应用研究领域形成了鲜明的优势与特色，突破了一批批关键核心技术，建成了国家重点实验室、极端光学省部共建协同创新中心、原子分子物理国际联合研究中心等科研平台，拥有了国家理科基地、国家高等学校学科创新引智计划基地和国家基础学科拔尖学生培养计划2.0基地等育人平台。尤其是"十三五"以来，在教育部、科技部和山西省的大力支持下，学科发展取得了显著进步，国家奖实现了新的突破，呈现出强劲的发展态势。

创新驱动谋发展　精准施力显成效

第三位，贾锁堂教授。1994年，贾老师博士毕业，源于对山西大学的挚爱和对山西大学再创辉煌的期望，他放弃了在一线大城市工作的优越条件，选择回到自己的母校山西大学任教。贾老师具有充满战略的科研眼光和高瞻远瞩的科研谋略，2005年他带领的研究团队率先在国内建立了超冷分子科研平台，充分利用国际合作的优势，迅速在超冷分子制备和量子精密测量研究等方面取得了显著进展。

2012年，也是山西大学建校110周年的那一年，以贾老师为首席科学家的国家重点基础研究发展计划"受限空间中光与超冷原子分子量子态的调控及其应用"项目启动。该项目紧密围绕国家战略需求和科学发展前沿，研究了在受限空间中和超冷条件下量子态制备和物态调控，为解决精密光谱、量子信息和量子测量中的重大需求奠定了科学基础，提供了技术储备，对我国量子科技基础研究和相关技术进入国际前沿是一个有力的推动。

现如今，贾老师已经从山西大学校长的行政岗位上退下来了，每天我们都可以在研究所里看到他忙碌的身影，与物理学科有关负责人讨论学科规划，共商未来；聆听年轻教师项目申报和答辩，为他们悬丝把脉；到各个实验小组指导工作，为大家引航掌舵。我非常有幸在贾老师的指导下攻读硕士和博士学位，在我们这些学生的眼里，贾老师是一个有着渊博学识的老师，一个有远见卓识的学术带头人，一个精力充沛、充满激情、要求严格的长者。从他身上，我学到了如何做人、如何做事、如何做学问。他的杰出成果和他的崇高思想境界有着紧密的联系。

回顾山大物理学科的历史，我们就是要探寻山大物理人特有的那种气质，让他们身上熠熠发光的精神得到更好的传承。

凝心聚力共奋进　同心逐梦谱新篇

2020年10月16日，中共中央政治局就量子科技研究和应用前景举行第二十四次集体学习。习近平总书记在主持学习时强调，当今世界正经历着百年未有之大变局，科技创新是其中一个关键变量。我们要于危机中育先机、于变局中开新局，必须向科技创新要答案。要充分认识推动量子科技发展的重要性和紧迫性，加强量子科技发展战略谋划和系统布局，把握大趋势，下好先手棋。习近平总书记指出，建立适应量子科技发展的高层次人才培养平台，要加大量子科技领域高精尖人才的培养力度。

就在这一年的6月1日，贾锁堂教授和肖连团教授带领的研究团队在基于原子体系的微波精密测量研究中取得了突破性进展，相关研究成果发表在国际顶级期刊《自然-物理》上。团队创新性地提出了基于里德堡原子体系的微波超外差测量方法，实现了目前国际上最灵敏的微波相敏测量。该科研成果于2020年12月30日入选了"2020中国光学领域十大社会影响力事件"，并于2021年3月4日入选了2020年度"中国高等学校十大科技进展"。2021年10月28日，第六届全国杰出专业技术人才表彰会在北京召开，贾老师带领的量子精密测量团队荣获"全国专业技术人才先进集体团队"。

身处这个优秀的教师团队，我倍感荣幸。身处这个伟大时代，当接续奋斗、努力建功。2000年到2020年，团队成员日拱一卒，用实干诠释理想信念，我见证了这个团队从起步到飞跃的整个过程。在团队多年的发展中，团队成员坚持求真创新的科学精神，以建设社会主义现代化强国为根本目标，拧成一股绳，共同投身于伟大的社会主义科学事业中。初心易得，始终难守。我深深地感觉到，凝聚力是团队踏上新征程的核心动力。正是强大的凝聚力使得团队在建设初期奋发图强、在发展关键期锐意进取、在飞跃时期守正创新，实现了团队的持续发展。

治学传统恒弘扬　优良师道永传承

我是1994年从山西大学物理系本科毕业，于2002年和2008年分别获得山西大学光学专业硕士学位和原子与分子物理专业博士学位。博士毕业后，先后到法国国家科学中心和日本电气通信大学学习深造。

2011年，在恩师贾老师的鼓励和支持下，经过前期的充足调研，建立了精密光谱和量子精密测量的研究平台。近年来，研究小组在人造周期原子系以及基于光学频率梳的精密测量等方面取得了较好的成果。先后主持了多项国家基金和省部级项目，参与了国家重大科学研究计划、科技部国际合作项目、教育部"创新团队发展计划"、国家基金委重大研究计划等项目。在国内外重要学术期刊发表学术论文90余篇，授权国家发明专利20余项。获得山西省科学技术奖自然科学类一等奖2项（分别为第二和第四获奖人），2016年入选山西省青年三晋学者。

在科学研究上，我们秉承老一辈吃苦耐劳、坚持不懈的精神，时刻牢记打铁必须自身硬的道理。记得博士阶段和马杰老师一起做超冷分子实验，由于白天各种环境因素影响很大，晚上是实验系统最稳定的时候，为了获得理想又完整的实验结果，大家轮班熬通宵做实验。现在回想起来，虽然那段日子相对比较辛苦，但是为我们之后的科研工作打下了扎实的基础。在人才培养上，我们秉承老一辈言传身教、以身作则的精神，牢记因材施教的教育原则。围绕学科在量子科技研究方面的优势与特色，建立从专业教学、基础研究、技术实践、协同创新、国际合作到成果转化的全链条人才培养体系。在团队建设上，我们秉承老一辈团结协作、同舟共济的精神，牢记众人拾柴火焰高的道理。记得以前和肖连团老师交谈时，他曾经说过，在科研的道路上一个人或许能走得更快一些，但一群人努力才能走得更远。我庆幸自己身处这样的团队，团队每一位成员共同奋斗凝结而成的独一无二的团队精神，让我终身受益。

结束语

春风化雨，细推物理。发轫于1902年建立的山西大学堂西斋格致科的物理学科，具有深厚的文化底蕴。长期以来秉承"中西会通、求真至善、登崇俊良、自强报国"的办学传统，弘扬"格物致知"的科学精神。在彭堃墀院士等老一辈科学家的带领下，根植中西部，服务三晋大地。历经40年的建设和发展，学科坚持面向世界物理学研究前沿和国家地方重大需求，取得了显著进步。在新一轮量子科技蓬勃发展中，学科将承担更多国家重大任务，同时为突破量子科技变革性关键技术和培养量子科技方面拔尖人才作出更大贡献。作为山大物理人，我们会以主人翁精神积极融入物理学科的双一流建设中。我们将只争朝夕，不负韶华，共同创造山西大学物理学科更加美好的明天。

2022年迎来山西大学建校120周年，让我们共同祝福母校生日快乐，砥砺奋进，再创辉煌！

赵兴勇

行稳致远　继往开来

演讲者简介

赵兴勇，男，1965，中共党员，博士，教授，硕士生导师，宝钢优秀教师奖获得者（2020年度）。山西大学电力与建筑学院副院长、学术委员会主任，山西省电力系统监控智能化虚拟仿真实验教学中心主任，《电力学报》编委，中国科技论文在线特聘专家，《电力自动化设备》《可再生能源》审稿专家，中国电机工程学会（CSEE）高级会员，国际大电网会议（CIGRE）中国国家委员会会员，中国电工技术学会高级会员，山西省科技专家，山西省高等学校教师职称评审委员会专家组成员，山西省高等学校教学指导委员会委员，中国电工技术学会电动汽车专委会委员，中国电力教育协会电气工程学科委员会委员，山西省电机工程学会副秘书长，山西省电工技术学会常务理事兼环保节能专业委员会主任。

主持科研项目10项，其中省部级3项，企业横向7项；发表学术论文100多篇，其中，SCI收录5篇，EI收录17篇；获得授权专利26项；出版专著《分布式发电并网与电压稳定性》1部。

主要研究方向：大规模新能源及分布式能源并网与稳定控制、微电网运行控制与优化调度、交直流配电网建模与控制、电动汽车智慧充放电等。

大家好！我是山西大学电力与建筑学院的赵兴勇，非常高兴能够收到"令德讲堂"的邀请，来讲述我和山大的故事，讲述我眼中山大的发展变迁和山大人的精神流传。

我家在太原市杏花岭区红沟路山西大学工程学院校园内，步行10分钟左右就能走到教室。我于1993年6月毕业分配到学校电力系工作，现在仍然清晰地记着，当时学校规模不是很大，教学和实验场所也比较简陋，教室的桌椅用的还是铁腿的单桌单椅，想使用多媒体教室还需要提前和学校申请。全系只有5个实验室，加起来还不足300平方米，实验室设备不仅短缺而且都比较陈旧。记得当时的电机功率只有100W，在做"堵转"实验的时候，一个女同学用手都可以轻松把转轴抓住。教学楼前面种植的几株玉兰花，貌似比人们更早知晓春天的到来。一切看起来是那么的岁月静好，可是，大家的内心却一直躁动着，期待着更大发展平台的到来。

2014年6月，山西大学工程学院彻底并入山西大学，成为山西大学的一分子——山西大学大东关校区。从此，校车奔忙于坞城校区和大东关校区之间，两校区教育资源、图书资源、实验室共享，学生可以穿梭于各个校区之间选学课程，完成第二辅修学位的学习。大东关校区的办学条件有了质的飞跃，仅电气工程一个学科就拥有15个实验室，面积2000多平方米。文、理、工充分融合，广大师生的认知达到了前所未有的广度和深度。

我亲自见证了我们工作、学习环境的变迁。教学环境大幅改善，实验实训场所量质齐增，极大促进了学生工程素养的全面提升。至今，学院拥有仪器设备2000台套，资产总值2400余万元；建成5个省级虚拟仿真实验教学中心和实验教学示范中心；完成嘉节燃气热电分公司、山西建龙集团等6个校外实训基地建设；与许继集团有限公司、阳泉二电厂达成深度校企合作。目前，我院生均实验资产逾万元，并挂牌多家校外实训基地，开展与企业的常态化深度合作。

与此同时，我们还打造了"双师型"师资队伍，结构合理、业务过硬。拥有行业背景教师16人，注册电气工程师6人，国家职业技能鉴定中心高、中级指导教师30人。学生创新能力显著增强，近3年来，获全国大学生数学竞赛省部级奖11项，大学生创新创业国家级和省部级项目5项、山西省大学生电子设计竞赛7项。本科训练项目每年30余项，参与人数达150多人，参与比例超过50%。毕业生就业率长期保持在95%以上。与同期就业的兄弟院校毕业生相比，我校毕业生岗位胜任能力强、成长发展速度快，为国家电网公司、各大发电集团公司和电力建设设计集团有限公司等能源电力行业培养了大批核心技术骨干和高级管理人才，国家电网公司和各大发电企业经理级校友100余人。

校园变大了，同事也多了，视野更开阔了！

当人生的舞台变得更大，想做的事情也越来越多了。从2015年开始，我成为电气工程学科带头人，在学院党委的领导下，我作为分管领导，组织广大老师，积极工作，成功设置了能源动力类专业硕士点，并成功申报土木水利类专业硕士点。制定和完善了符合自身特色的专业学位研究生培养方案，建立与完善了双导师制。与国网山西省电力公司经济技术研究院、国网山西省电力公司电力科学研究院通过产学研协调育人方式，建立了省级研究生创新教育基地，合作效果良好。积极扶持发展学院研究生自主筹办的学术活动，让他们能够与高校、企业名师、企业家面对面交流。同时，还邀请在国内学术界有影响的专家学者作为嘉宾现场为论坛作主题演讲和点评。近几年来，学院研究生培养在规模、质量等方面都显示出良好的发展态势，研究生教育受到国内同行的一致认可。

能源电力是山西省的特色行业，我们教育的最终目标就是培养出高质量的专业人才服务地方社会经济。近些年来，在学校及学院领导的大力支持下，经过全体教师的不懈努力，电气工程及其自动化专业在2019年、2021年分别成功被立项为山西省、国家一流本科专业建设点。我也先后获得省级教学成果一等奖1次、二等奖2次，2020年获得宝钢优秀教师奖。

学校的发展，为个人的进步搭建了更大的舞台！

俗话说，一个人好不算好，大家好才是真的好。教师是学校发展的根本和第一推动力，专业师资队伍的打造十分重要。我们采取了"引进人才工程""青年教师博士化工程""校企深度融合工程"等一系列措施，来强化我们的专业师资队伍；完善培训、交流和深造体系，成立由资深教师组成的教学督导组，在教学指导委员会的指导下，专人专项提升教学水平。经过多年的建设，师资队伍日趋合理，仅电气工程及其自动化专业，就有专任教师60人，其中教授8人，高级职称比例46.7%，具有博士学位17人，省级名师3人；参与毕业设计、毕业实习和认知实习的企业导师10多人。

随着办学规模日益增大，学校引进了很多优秀博士。我也是从年轻走过来的，刚上讲台时经验能力不足的画面还时不时跳入脑海，俗话说，自己淋过雨，就想着为别人打把伞。于是，我和学院的资深教师一起，为青年教师制定了教学名师培养计划、完善了骨干教师的选拔培养方案，制定了一系列的强化政策，对教学骨干在进修提高、学术交流等方面实行倾斜政策，给予优先考虑，并对其中特别优秀的教师给予重点支持，例如：优先到国内外高水平大学进修、读博等，并亲力亲为地指导这些青年教师，

加快他们的成长。近年来，有4名晋升为副教授，12名晋升为讲师。学院中多名教师在省级、校级中青年教师基本功大赛中获奖，为整体青年教师的业务提升起到了示范作用。除此之外，学院还有多名教师参加了国家高校教学大赛、思政大赛，也都取得了很好的成绩。我常和他们说，未来接力棒就交给你们了，我们一定要为山西电力行业的发展贡献重要的力量！

独行者速，众行者远！

虽然我做了很多年行政工作，但是老师才是我最喜欢的称呼，我从教近30年，就在讲台上站了近30年。

从刚上讲台开始到现在，学生换了一批又一批，学生的性格和学习习惯也随之变化。尤其现在的00后，个性鲜明。为了将"抬头率"尽可能提高，我们持续不断地在改进教学方法上下功夫。在长期的教学实践中，我发现传统教学对当前的学生有很多不适应的地方，从开学伊始，就定期举办师生座谈会，利用电子问卷来听取一线老师和学生的心声。大一的学生们从高中刚刚进入大学，提到最多的问题就是：有没有固定的教室上自习？老师讲课能不能慢点……，而大二的学生会提到，如果想参加专业大赛，怎么能得到更好的辅导，有哪些更有效的方式去提升自己的能力……每个年级的学生关注点都不同，我们认真梳理每一个人共性和个性的需求，并积极商讨解决办法。

经过大家的认真研讨，最终制定了在学生刚入学时设置《新生指导课》的方案，

在大二专业基础课时设置导读环节，帮助学生从高中精读模式顺利过渡到大学的"新工科"模式。学生在大二期间，我们多次组织"如何增加点'科动力'"等研讨会，让高年级的学生将自己有效的学习、科研经验分享给低年级的学生。我们还会根据学生科研、深造的需求调整人才培养方案，帮助学生在最合适的时间获得最合适的知识和能力。

为了帮助工科生提高实践能力，我们还组织了基于宿舍的基础学习小组和进阶版学习小组。例如，我们每个学期中段和期末会分别组织一次"专业方案论证会"，学生需自行查阅近几年高水平论文，并以企业提供的技术难点为研究目标，如"含分布式发电配电网末端电压升高"等问题，我们把问题交给学生，从问题的解读、问题的深入理解到任务分解、团队最终完成，都是靠学生自己

组织和实施，最后教师再讲解评价。在不同的活动中，学生有的需要理论分析，有的需要做实验去验证自己的想法，所有的实践都是建立在开放实验室的基础上。由于有了这样的科研训练，学生就可以在自己的认识和实操中，形成自己的学习习惯和方法，从而为终身学习打下良好的基础。通过这样的训练，学生还提高了专业素养，增强了对非验证性实验数据的深度分析能力。

在评价方面，为更大限度体现对学生的个性化教学，力促升级版的多维评价方式顺利实施，学习过程中，鼓励学生自评、互评，教师协助学生了解自己的努力和成果是否达到了预期。经过大量数据分析，形成了学生的"自我建设"成长曲线，有力提升了学生的学习效果。

通过师生的共同努力，学院的学生评教成绩逐年提高。学生获得了非常好的工程素养，就业率比全国同专业平均水平高出十几个百分点。学生当中有74.5%会选择留在山西发展，为我省的地方经济发展贡献着积极的力量。而每当学生取得成就，回学校看望我们时，我们的内心无比欣慰，而我也常常感受到"桃李满天下，春晖遍四方"的喜悦！

邓拓曾在《竹》中写道："阶前老老苍苍竹，却喜长年衍万竿，最是虚心留劲节，久经风雨不知寒。"面对未来的漫漫求索路，我们将以竹子般坚韧不拔的精神，不畏风

雨不畏寒，不忘教育初心、牢记育人使命，用担当和责任筑起山大的师魂，用认真和专业浇灌莘莘学子。在教书育人的道路上，我们还将继续砥砺前行，再创辉煌！

老师，是我最喜欢的称呼！

怎样才能成为一个全面的好老师呢？著名的科学家、教育家钱伟长教授曾说"不上课就不是老师，不搞科研就不是好老师"，确实是这样。随着现代科技的突飞猛进，如果不进行科学研究，我们讲授的内容必定会落后于现场实际，造成理论与实际的脱节。因此，我将大量的精力投入科研当中，长期从事新能源电力系统稳定运行及优化控制方面的研究，提出了分布式发电并网优化控制策略、电动汽车充放电控制方法等，将这些科研成果融入教学当中，极大激发了学生的学习兴趣，提高了学生的创新能力。我主持并参与的科研项目有20余项，发表科技论文80余篇，获得授权专利6项，出版专著1部；获得国网山西省电力公司科技进步奖二等奖1次、三等奖4次。丰硕的研究成果不仅为配电网的安全运行提供了技术保障，同时也为电力系统分析课程提供了新的内容，起到科研教学相互促进的作用。

传授知识、培养技能、塑造价值，做学生的良师益友！

乘浩荡春风，聚磅礴力量！在山西大学建校120周年、东山校区搬迁之际，我们迎来新的环境和新的挑战，同时，这也是新的机遇，我们理应乘着时代的风云埋头苦干、勇毅前行，以微毫诠释盛大，展现新时代山大人喜迎双甲子、奋进"双一流"的崭新形象，书写实现高质量崛起的崭新篇章，在山西能源转型发展及争当能源革命排头兵的历史时期，作出更新更大的贡献，以优异成绩回报学校，回报国家！

谢谢大家！

陈安平　演讲视频

陈安平

一生只做一件事　一生做好一件事

演讲者简介

　　陈安平，男，汉族，1962年7月生，山西临汾人。民进中央委员、山西省政协常委、山西大学体育学院二级教授、博士生导师、山西大学运动与健康研究院院长。全国体育专业学位研究生教育指导委员会委员，国际级跳水裁判，中国跳水技术委员会常委、裁判组组长，中国大学生体育协会常务理事，全国中小学奥林匹克委员会专家，山西省游泳协会名誉主席。全国群众体育先进个人、山西省新兴产业领军人才、山西省高校教学名师、山西省科教兴晋突出贡献专家。

　　作为国家跳水科研团队核心成员，助力跳水梦之队获得20枚奥运金牌。曾担任过奥运会、世锦赛、军运会、亚运会、世界大运会、全运会跳水技术官员和总裁判长；荣获奥运会和亚运会特别贡献奖、世界大学生运动奉献奖，多次被国家体育总局授予"优秀裁判员"称号。

　　曾在核心刊物发表论文17篇；主持国家课题、省级课题共计18项，并荣获第30届奥运会科研攻关和科技服务项目贡献三等奖；主编《游泳与救生》教材等4部；发明"一种降解游泳池水中尿素的装置"等专利6项；荣获山西省教学成果（高等教育）一等奖1项、省级精品课程2项，曾获宝钢优秀教师奖。

我叫陈安平，是山西大学体育学院的一名教师。

2021年9月15日下午，习近平总书记在陕西西安丈八沟宾馆亲切接见了群众体育先进代表，中国参加东京奥运会的体育代表团奥运冠军们。作为代表团的一员，我感到非常的荣幸，这是我一生中最大、最快乐的事情，也是对我们山西大学体育工作的肯定。

我是1980年上的山西大学体育系体育教育专业。当时我们省体校有7个同学考到山西大学体育系，有田径专业的，有游泳专业的，有篮球专业的，我是以游泳专业考到山西大学体育系的。1984年我毕业后分配到太原师范学校当老师，我有一个心愿就是想回到母校从事游泳专业教学。我有幸被体育系选中做行政办公室工作，在办手续过程中碰到了公共体育教研室主任，他询问我是否愿意到公共体育教游泳，我说愿意，这样利于我更好地发挥特长，所以我就当了一名公共体育教研室的老师，并且在年底被任命为游泳场场长。

从1988年起，山西大学开始有了游泳课，先后开设了公共体育游泳必修课、选修课、公共选修课以及专业的运动训练课，必修课、主选课、副选课、救生课以及研究生的游泳教学训练理论与方法。

学生学游泳后非常受益，我们哲学系的一名学生叫汤娜，她学习游泳以后说："游泳教会我执着，从刚下水只敢扶着护栏走到现在的浮在水面上漂，每一次的进步都使我有种满足的成就感。"山西大学游泳课不仅增强了学生体质，促进了学生健康成长，而且培养了学生勤学苦练、勇敢顽强、积极拼搏的意志品质，还帮助学生树立了正确的价值观和人生观。

　　大家现在看到的这张图片是我在做蛙泳的动作示范。我在课堂中经常讲："简单的动作重复做,重复的动作认真做。"什么叫简单的动作? 蛙泳手"划、抱、伸"的动作简单吧,那么做完这个动作以后要通过练习增强体质,在练习的过程遇到困难要克服,是不是培养了坚强的意志品质? 所以游泳课给我们带来的就是身心健康。

　　游泳是山西大学的必修课、特色课。

　　大家看这是我们山西大学物理系1988年游泳课上课场景。我们山西大学物理和哲学是双一流专业。物电的同学无论是上游泳课,还是上篮球课,都非常积极。所以学科发展得好,身体也好,要求我们身心统一。图片中的是我们体院游泳专修班,也就是体育教育专业的学生。他们选了游泳课,第一学期学会蛙泳,第二学期选修学会爬泳,以后再用两个学期时间学会仰泳、蝶泳,最后毕业的时候要求掌握4种姿势。他们出去以后要从事游泳课的教学,就像教我们普通系一样。

我们山西大学的教学环境也在逐渐改善，现在有室外场地、室内场地，条件好多了，我们还有0~3岁的亲子馆，所以山西大学的游泳设施非常好，教学条件非常好。

我们举办了19届游泳比赛，大家想一下在全国高校里边有几家能举办游泳比赛？

2003年3月28日，中国体育报记者郭思用了四分之一篇幅报道"山西大学体育俱乐部特色鲜明（游泳必修），山西大学学生必修游泳"。

别看我们是黄土高原，别看风沙大，但是我们山西大学有游泳馆，有好的游泳团队，我们就能招来好的学生，我们就能取得优异的运动成绩。我们在世界大学生运动会取得过两枚金牌、两枚银牌，我记得是2007年在曼谷，我有幸参加了。从2005年世界大学生运动会归教育部组队以后，我是随队裁判，队员有郭晶晶、吴敏霞等奥运冠军。

山西大学学生参加2022年6月结束的世界游泳锦标赛，我们中国队取得18枚金牌，美国也是18枚，我们2020级的李亚杰同学取得一米板的冠军。那竞争非常激烈啊！大家想一下每一个动作，脚尖不直扣分，膝关节不直扣分，水花不好的话也要扣分。

我们山西大学水球队取得过三连冠。

　　大家看这个图是个"山"字，我们无论什么时刻，在水中也不忘记山西大学培养了我们。我们的课程建设是山西省的游泳课精品课程，2021年推到全国，现在还没有公布，我们盼望能成为全国的精品课程。

　　我们还进行科技成果转化。因为游泳池的水要加药氯，我们下水的话身上就会有汗渍，含有氨，氯和氨会反应产生氯氨。我就是用物理电解的方式把它变成二氧化碳、水、氮气、氧气。我们这项技术在全国的场馆得到了很好的推广，国内的奥运场馆以及清华大学的场馆和红灯笼场馆（山西省体育中心）都是用我们学校发明的加药装置和尿素降解装置。因为这个，我还获得山西省新兴产业领军人才，这就是我们干净卫生的教学环境。

　　游泳、跳水助力一流专业建设。我是国际级跳水裁判、中国跳水技术委员会裁判组组长，同时我还是国家级跳水裁判晋升负责人，在全国比赛中我还当裁判长，我们黄土高原缺水，跳水项目发展困难，为什么呀？刚才说了一生只要做好一件事，只要执着努力我们就能做好。我当过奥运会的裁判、亚运会的裁判，青运会的裁判长、全运会的裁判长以及全国跳水锦标赛的裁判长。刚才说了2022年的世界大学生运动会在成都举办，我是国际上唯一被任命的中国裁判长，一般都是由欧美人当，特别是这些"阳春白雪"的项目更是这样。

这是2008年北京奥运会跳水比赛，也是在我们国家举办的第一次奥运会。

这是2012年伦敦跳水世界杯，实际上它就是奥运会的前期预赛。

这是那不勒斯世界大学生运动会，我当的是Referee，裁判长。

这是世界军人运动会，我当的裁判长。

在我们跳水团队里有掌门人周继红，也就是1984年第一块跳水奥运金牌的获得者，以及有全红婵的教练员，既有优秀的领头人，又有优秀的教练员，还有优秀的科研和

竞赛管理人员。中国跳水为什么强？那是经过不断磨炼的结果。学下本事必须实践，要不然的话，光练不比赛，到了大赛那就出不来成绩。其实人和人没有多少差距，最终竞争是在知识的基础上、智力的基础上，还是一个心理的竞争。明星效应对推动事业的发展，对宣传山西大学、宣传中国起很大的作用。全红婵基本功扎实，初生的牛犊不怕虎，就像刚才说到的李亚杰，第一次参加世界锦标赛，一个项目一般是两名中国运动员参加，她一个人独担中国这份责任，心理压力可想而知，结果还是拿了冠军。

我在做好本职工作的同时还积极参政议政。我是中国民主促进会中央委员，是山西省政协常委。

我连续三年写政协提案《关于我省中考体育增加游泳项目的建议》，终于得到了回复，我们也参加了中考加入游泳的讨论会议。这加游泳怎么加，你们不是要考800米和1000米吗，游泳是耐力项目，如果你不想跑800米、1000米可以用200米的游泳代替，这是不是个很好的替代项目？

我受新华社专访3次，特别是在那不勒斯世界大学生运动会，新华社记者专访：体教融合。什么叫体教融合，就是运动员如何上学、如何进入学校、如何当教师、如何当好教练员，这是我当时对体教融合的理解。大家想一想，你希望不希望你的体育老师有技能？你的体育老师技能好，他就会教会你游泳，教会你篮球，而不是普通的走、跑、跳、投，所以运动员非常需要这样体教融合，当时新华社的报道点击率是112万，点击率是很高的。在2022年的山西省政协联组会议上，我作了12分钟发言，我们山西大学东山校区建成了，欢迎省委书记和省长到山西大学健身。我还说每个人对身体的理解，说起来重要，做起来次要，忙起来不要，是不是这样？我们最重要的还是身体，身体是革命的本钱。毛泽东说，"身体，载知识之车，寓道德之舍"，放知识的车子，放道德的房子是不能坏的呀。在北京2022年冬奥会时，我写的政协提案就是如何发展山西省的冰雪运动，得了优秀提案。我这个提案是2020年前的，已经提前了，等冬奥会开的时候记者们采访，说你怎么那么有远见。

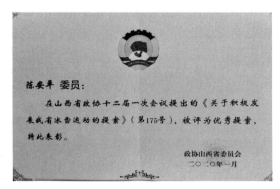

其实发展冰雪运动对我们山西最好了，大家想一下毛泽东写的那首诗："北国风光，千里冰封，万里雪飘。"在哪写的呀，东渡黄河后就是在我们石楼县写的！所以说山西省的中北部适合搞冰雪运动，那个黑龙江也好，内蒙古也好，冬天齁冷。我们没有那么冷，但是我们还有冰，我们还有雪，适合开展冰雪运动。我们大同通过开展冰雪运动，可以引来康养、旅游，这样的话就把我们山西的旅游业打开了。

我这次在政协会上也作了很好的发言，什么时候我都不忘记山西大学，宣传山西大学，持续不断地为我省体育事业贡献着山西大学的智慧。

我们山西大学体育学院拥有一级学科博士点，博士后流动站，一级学科硕士点，三个本科专业，两个国家一流，一个省一流。我们的学科建设在全国学科排在前20%，专业建设我们排在第一阵营。我们山西大学的双一流建设搞得好，为什么搞得好，因为有我们体育学院给大家支撑着身体的基础。

你们看1902年的山西大学堂足球队，那个时候就有体操了，有网球了，现在的儿童公园也就是我们山西大学曾经的万国网球场的地址，所以我们山西大学的公共体育在体育史上是有一笔的。

1919年在山西大学堂举办了全省第一次联合运动会和第七届华北运动会，我们山西大学都取得了很好的成绩。

这是我们的第一届毕业生，山西大学体育学院1951年毕业的学生，特别的优秀。

在人才培养方面，我们有奥运冠军董栋，有世锦赛游泳冠军曹玥，她是亚运会的冠军，她还是全运会的冠军。

　　我们有杨畅，2021年全国大学生运动会破了两项纪录。我们山西大学生代表团唯一能拿金牌的项目就是山西大学的游泳。

　　我们有杰出校友闫振堂，曾是国家文物局副局长。

　　我们的杰出校友，飞天奖获得者王大林，我的同班同学，我是游泳专业，他是篮球专业上了山西大学。

杰出校友唐虔，联合国教科文组织负责教育事务的助理总干事。

　　我还当过二青会的火炬手，通过传递火炬，宣传山西大学，讲山西大学的故事。在这结束之际，我还是想起伟人的话，毛泽东说："身体是载知识之车，寓道德之舍，文明其精神，野蛮其体魄。"习近平总书记说："体育强中国强，体育兴国运兴，吹响了我们新时代强身健体的号角。"最后再和大家分享一句现代奥林匹克之父顾拜旦的名言："啊！体育，想起你内心充满欢喜，血液循环加剧，你可使忧伤的人散心解闷，你可使快乐的人生活更加甜蜜！"同学们，我们热爱山西大学，让我们锻炼好身体，一起走向未来！

　　谢谢！

刘维东
我的成长我书写

演讲者简介

刘维东，1969年生，山西孝义人。美术学博士，现任山西大学美术学院院长、书法艺术研究所所长，教授，博士生导师。主要从事艺术学理论、中国书画史论与创作研究，兼艺术批评与活动策划。学士、硕士均就读于山西大学，博士就读于中央美术学院。现兼任国家艺术基金项目评审委员、中国书法家协会教育委员会委员、山西省文艺评论家协会副主席、山西省书法教育研究会副会长、山西省书法家协会教育委员会副主任、山西省美术家协会漆画艺委会副主任、卫夫人书法研究院院长、祁寯藻研究会副会长、傅山学社书画委员会副主任等职。主持省部级课题多项，出版学术专著有《学古有获：晚清大学士祁寯藻的书法生活》（商务印书馆，2022）、《张大千》（高等教育出版社，2018）、《隶书入门》（山西教育出版社，2004）等。主编有国家出版基金项目《历代书法珍本集成·清代民国》（163卷丛书）、山西省大专院校艺术教材《美术鉴赏》《书法鉴赏》等。发表论文40余篇，曾获全国书学征文奖、山西省社会科学研究优秀成果奖等，多次举办个展、联展，作品入选韩中草书六十名家等活动并被中外机构收藏。

大家好！我是来自美术学院的刘维东。今天，我想与大家分享的是我个人成长的故事。

大家看到的这张照片中，那个裤子上打着大补丁的男孩就是我小学时候的样子，当时刚从外面干活回来，正好有一个机会和妹妹、弟弟留下了这张照片。大家知道，我们小时候要想照相，必须到县城的照相馆去，能在自家院子里照相是可遇而不可求的。我1969年出生在吕梁孝义的一个小山沟，条件比较艰苦，吃水都要到沟里去挑，晚上有电的时候也不多。

父亲初中毕业，他能写爱画，当时是公社电影队的放映员。受他的影响，我也喜欢写字画画。

小学三年级开始学写毛笔字，那时候最崇拜毛泽东主席、热爱解放军，因此，我在自家门口的墙壁上写下了：为人民服务——毛泽东，中国人民解放军。老家的窑洞早已破败不堪，却留下了我少年时期最珍贵的手迹资料。

初高中时候依然爱写爱画，学校的墙报总是由我来完成。刚上初中时，我试着刻了一枚印章，下图中就是我在书本上签署的名字和我刻的印章，材料是捡来的，所谓刻刀是粗铁丝用锤子砸扁后磨制而成的。老师号召大家练习毛笔字，让我给每位同学写一张仿影，我愉快地去做了。当时的水平究竟写得怎么样呢？其实现在看来很一般，但是当时老师的鼓励却给了我学习美术、学习书法的无穷动力。

再看这张照片，那是1990年春夏之际，我已经高中毕业近一年，在一所初中给孩子们代教语文课，业余自学美术，准备报考美术院校。高考的失利、对未来的憧憬，都让我摩拳擦掌、充满了斗志。身后的春联写的就是我当时的心境："纵然是寒天瘦似马，却怎奈斗室温如春。"那年是马年，对联化用了元曲作家马致远的词句"古道西风瘦马"。

图中那幅大字是一件印刷品，是著名画家范曾先生写的"学而不厌"。通过两年的努力，我终于以社会青年的身份考取了山西大学美术系的国画专业。

大学期间，我一边画画、一边练字。大一时，曾经有机会为学校最繁华的南京路一条街书写了近20块牌匾，那时没有照相机，没有留下图像资料，感觉特别遗憾！前几年参观学校校史馆，突然发现了一块牌匾，上面写着："山西大学高新技术开发总公司"——这就是我当时书写的牌匾之一。典型的港台圆头体，刚开始流行的美术字，当时内陆省份没有电脑刻字，我们身边的报刊也极少使用这种字体，因此我的书写是纯粹的手工完成的。

大学二年级，我第一批加入了中国共产党。1995年毕业之际，学工部需要一位写字好、素质好的学生，我荣幸地获得了留校机会。那几年，很多毕业生的派遣证都是我的手迹。同学们一定好奇，刘老师，你那时的字有多好？当时收藏了一本《水浒传》连环画，上面包了书皮，我在上面即兴书写了一段话，虽算不上多么精彩，但至少能够说明我当时的书写状态。

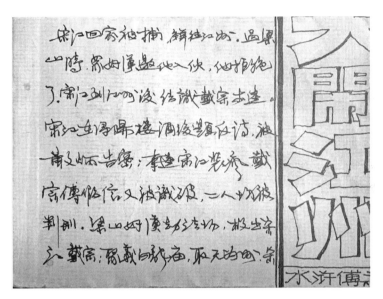

为了坚持接触专业、学习专业，三年后我申请调回美术学院，担任班主任、团委书记，上图是我担任九八级班主任军训时和学生、教官的一张合影。那时工作努力，

年年拿奖状，像省级的优秀班主任、优秀团干部获得过好几次。我一边工作，一边准备考研，但英语总也考不够。1999年，我在职考取了美院的首届硕士研究生，继续研究书画方向。无论是软笔书法，还是硬笔书法，我都坚持学习，也尝试创作、参展参赛，没有取得太好的成绩，只能说小有斩获，获得过全国硬笔大赛的优秀奖、山西省大学生艺术展演一等奖等，先后加入了山西省美术家协会、山西省书法家协会。

2003年，我终于如愿以偿正式转为美院国画教研室的专业教师，同时兼任教工党支部书记。留校8年，我一直从事的是管理工作，我更希望在专业上努力获得成绩，因此，我迅速以全新的姿态投入来之不易的教学工作中。下面这张照片是我转岗之后，第一次带队与学生到临县碛口黄河边写生时的合影，奔腾的黄河给了我无穷的力量，我想把自己长期积蓄的专业技能喷发出来！同时，我还为全校同学开设了公选课，编写了《轻松汉字》硬笔书写训练讲义，每周坚持授课，取得了良好的效果。

很快我就发现，与那些一开头就投入专业教学的朋友相比，自己落下了不少步伐，因此我想继续提高业务，决定考一考博士。讲到这里，我想总结一下自己的考学经历，我发现我的升学总是处于逆境，升学难度呈现为等差序列关系，只有小学升初中是当年顺利考上的，中考我需要两年，高考3年，考研4年。大家帮我预判一下，我考博需要几年？按照序列关系，我做好了5年的心理准备。大家知道，考博士只要时间允许，一年可以连考几家学校，因此我在两年内考了4次博士。2006年，我终于被中央美术学院书法理论方向录取了，指标只有一个，我以总分第一的成绩实现了自己的梦想。那年，我已经37周岁。

由于我选择的依然是在职攻读，因此要一边学习，一边工作，我的博士学业持续了6年，2012年，我终于获得了美术学博士学位。有不少外地院校，希望调我去支持学科建设，但我没有为之所动，山西大学培养了我，我的根就在山大，我必须留在学校，为母校增光添彩，为学校贡献自己的才能。

通过个人的努力，美术学院在2008年开设了书法本科方向，2011年开始招收书法硕士研究生，2019年学院正式设立了书法学本科专业。下图是我率队和日本高校进行书法交流的合影，以及我和书法毕业的硕士研究生的合影。就在这一年，我突然发现自己已经50岁了，于是我举办了一场个人书法展，韩国友人也前来助兴。这一年，我顺利地晋升为书法学科的教授，当时全省在岗的书法教授仅有两位。大家看，图片显示的是我转岗教师以来的科研成果。

　　2020年3月，我被学校正式任命担任美术学院院长。之前我在副院长岗位上已经工作了13年，本来想卸任后可以专攻几年创作，有几项专题也需要继续跟进，但是单位需要，我义不容辞、无法退缩。在任命履职当天，我写了一首七绝诗："传承六秩根枝盛，三晋风华艺道昌。不敏才疏思跪乳，和衷共济谱道章。"

　　上任以来，美术学院的工作大踏步前进：首先获批了艺术学理论博士点，已经开始招生；我们还获得了国家一流本科专业建设点三个、省级一流本科专业建设点两个。2022年，山西大学迎来建校120周年，在2021年5月8日前夕，我为学校主持设计了校庆徽，我设定的关键词是"追求卓越、向上向前"，具体寓意是：厚重的1，确指具有百年历史的山西大学，外形是向上的箭头，喻指向一流大学迈进，是我们学校的发展目标；连体延伸的2，寓意百年山大开枝散叶、枝繁叶茂；盛开的丁香花图案，指代学生的青春活力与美好记忆；饱满的0，既含有校徽，彰显了学校主体，又似滚动的车轮，借喻学校健康发展、快速推进。下图是2021年5月8日启动倒计时牌的揭幕仪式，我望着台上的领导嘉宾，望着我的作品，激动的泪水夺眶而出：我为母校的发展而骄傲！我为自己的成长而自豪！

近些年来，除了自身学院、学科的事情外，我每年都会为学校做不少关于美术、书法内容的事情，比如：我们现在使用的"山西大学""图书馆"（字样）都是我负责双勾的；"山西大学云冈学研究院""商学楼""登崇阁"都是我集字组合的；"创意谷""德秀公寓"是我书写的；今年四月，我还为渊智园的文化建设书写了校歌，整理了很多牌匾。每年，我都会义务为学校书写大春联，从2021年开始，由于东山校区的启动，校门由以前的4个已经增加到了7个，2022年新校门贴的春联内容是：百廿学府，继往开来添锦绣；万千师生，踔厉奋发谱华章。

在个人成长的过程中，我经历了一定的挫折，但我依然要感谢国家、感谢母校，让我拥有努力争取和奉献的机会。虽然说，我演讲的题目是"我的成长我书写"，但母校的跨越式发展，才是我们最引以为傲的成就，祖国的日益昌盛，才是我们每一位公民健康成长的强大后盾。因此，题目完全可以做一些延伸，那就是：母校发展我书写，祖国昌盛我书写！

谢谢！

董　川

四十年科教探索心得

演讲者简介

董川，男，1963年生，二级教授、博士生导师、三晋学者、三晋英才高端领军人才、全国模范教师、享受国务院特殊津贴专家、国家奖获得者。曾任山西大学化学系主任、科技处处长、职称办主任，现任山西大学环境科学研究所所长、环境科学博士点负责人、校学位评定委员会委员、山西省教授协会会长、中国化学会应用化学专业委员会委员及《应用化学》《分析科学学报》等期刊编委。

科教40年，先后主持国家自然科学基金重点项目和面上项目8项，承办多次学术会议。授课多门，指导本科生获全国挑战杯等奖多项，培养硕士、博士、博士后120多人（23人已晋升高级职称）。发表论文911篇（中文327篇、SCI 531篇、教改53篇），出版著作16部，申报专利500余项，授权280项（转让企业53项）。

从事专业为环境分析化学，研究方向为功能性环保可降解色料的设计合成和应用。其中，水致褪色染料研究获国家技术发明二等奖、瑞士国际发明协会金奖、德国纽伦堡创新材料奖、中国侨界贡献一等奖及山西省科学技术一等奖等，相关研发成果入选国家"十二五"科技创新成就展，多次被央视科教频道等报道并新三板上市。2019年受邀参加了中华人民共和国成立70周年庆典活动并获国家级表彰。

大家好！我是山西大学环境科学研究所的董川。我于1980年来到山西大学，在山西大学学习、工作、教书、科学研究已经40多年了。在这40多年里，我和山西大学结下了深厚的情谊，山西大学是我的母校，也是我工作生活和奋斗的地方。我为本科生先后开设过环境化学、环境分析化学等课程，近几年逐渐转向课程思政方面，编写出版了《科学思想与人文精神》，作为一个讲义和教材使用。在科学研究方面，1995年以来，我在进行天然植物色素的研究时发现了一些物质，它们见光、遇水可以自动褪成无色。之后不断地进行探索，最终得到了红橙黄绿青蓝紫各种颜色的化合物。这些化合物现在已经非常适用，遇水几秒钟就可以褪色。我们把这些色素分别做成了油墨、墨水和其他产品。在科学研究和教书育人的过程中，我对人生、对为人处世、对学生的人生观不断地思考探索，并且在研究生的科学研究和业余讨论中加以应用。今天我给大家分享的题目是：四十年科教探索心得。

创新的重要性

大家都知道创新非常重要！

恩格斯说，一个民族要想屹立在世界之巅，就一刻也不能没有理性的思考。理性的思考就是创新，就是我们的科学，就是我们的思想。没有思想，我们的行动将茫然不知所措。

杨振宁说，做科学研究不能老跟着别人跑，要做自己的东西。老跟着别人跑的研究工作，不大可能有所建树。日本的企业家也说，我们不担心资源缺乏，只怕缺乏智慧和创新。我想这不正是朱熹"问渠那得清如许，为有源头活水来"的完美印证吗？如果要想生活过得幸福，源头上的创新、理论方面的建树就得像源头的泉水那样不断涌现。

那么我们应该如何进行创新呢？创新有三个层次，首先是思想的创新，也是理论的创新，叫科学。科学研究产生了新的知识，在国家层面设立了自然科学奖；再来是技术、实践和应用的创新。针对在技术方面创新产生的新产品、新工艺、新方法，设立技术发明奖，把科学和技术应用于服务社会得到了科技进步。所以，国家设立三大奖——自然科学奖、技术发明奖和科技进步奖。理论和实践就是科学和技术，我们要两手抓。目前很多高校发表的论文多，专利相对较少，专利和论文的比例失调，特别是有用的专利少，能够产业化，能够被企业应用的专利少，也就是说还存在着重理论轻应用的问题，且原创少。如果要想让科学技术有飞跃，要想引领世界的未来，我们必须在理论和实践方面有所建树。认识世界不是目的，改造世界才是目的。我们也经常说知识就是力量，但是要知道，如果知识不应用，它是没有力量的。知识的力量是体现在应用当中，应用是知识体现力量的前提。

王选说，一项科技成果，不管它多么先进，只要它没有走出实验室，没有取得经济效益和社会效益，都不过是迷人的海市蜃楼罢了。

陶行知也说，创造始于行，行动是老子，思想是儿子，创造是孙子。要想有创新，必须有思想和行动。在科教体制和机制方面，应该如何进行改革？如何让年轻人能够有一个很好的环境，得到创新性的思维和行动？科教创新的话，我想应该有"三化"——理想化、实用化、趣味化。理想化就是要出高水平的文章、要有思想；另外我们做的技术要应用，要接地气，要产生新专利、新工艺、新技术。但是在科学研究当中，最缺乏的是趣味化。现在的大学生、研究生还有一些青年教师，他们缺少对科学研究的兴趣和热爱。如果一个人对生活没有兴趣，没有热爱，理想和应用都会成为泡影。现在有很多的年轻人做科学研究只是为了毕业，为了考试，为了找工作，如果这样的话怎么样去探索发现，怎样产生化学和环境科学的诺贝尔奖？

有人说：创新就是创业。而我感觉创新和创业的内涵是有区别的。创业的内涵到底是什么？我在科学研究的过程中不断地和企业结合，使我对创业有了新的思考：我认为创业的"创"就是创新，"业"就是事业、产业。创业就是创新和产业，已经包含着创新。创新就是思想，产业就是行动，创业就是思想指导下的行动。我们经常说思想属于理论范畴，行动属于实践范畴，创业就是理论联系实际，理论和实践两手抓的结果。创业里已经包含了创新的概念，创新是科技的范畴，产业和事业属于经济的范畴，所以创业就是科技加经济，是在高科技支撑下的经济活动。

创新创业的"7D"步骤

一切创新创业，都是从Discover（探索发现）开始的。所有的研究都是在查文献和社会调研中发现问题的。发现问题怎么办？如理科要到实验室里提出模型或实验方案来进行验证，然后进行Discuss（讨论），在讨论的过程中不断地形成新结论，发表论文，形成专利，写成著作，产生新思想。有了新思想、有了那么多的专利和那么多的文章，哪个可以用？就需要看一看市场上的Demand（需求），进入需求导向，学以致用，让科技改变生活。根据市场上的需求，把专利、技术、思想进行工业化的Design（设计），形成工业化的模型设计方案和工业报告。按照这些报告和方案，到工矿企业和社会上进行Develop（研发创造），进行生产，实施工业化。在这过程中，理论好不好，方案可行否，要放到市场上检验，让人民看一看。那么就要Demonstrate（征求意见），把样品给客户使用，客户提出来反馈意见。从理论到实践，再从实践反馈回来，修改工业制造方案、商标、品牌和营销模式等，修改以后正式确立工业化的条件，开始大批量生产，进行Deliver（分发分享），实现了高新技术落地，从而使科技改变生活。可以看到：科学研究从Discover开始，到Deliver结束。我总结了"7D"，那么这样"7D"的步骤和科工贸有什么关系？我们把它放在一起看：科就是Discover，Discuss，是探索发现和讨论研究；工就是Demand，Design，Develop，是需求、设计和制造；贸就是Demonstrate，Deliver，征求意见和分发分享。所以说，实体工业太重要了！我们不能老搞虚拟的，要脚踏实地地把我们的工业、企业基础打好。

青年是科技创新的主力

那么在科学研究和创新的过程中，谁是主力呢？我认为，青年是科技创新的主力。下面列举一些获诺贝尔奖的案例：

1915年布拉格用X射线研究晶体结构，小布拉格发现他父亲提出来的晶体衍射理论有缺陷，然后父子两个纠正X晶体衍射理论。最终，25岁的小布拉格和他爸爸同年获得诺贝尔物理学奖。

1958年，26岁的穆斯堡尔发现了穆斯堡尔效应，于1961年获诺贝尔物理学奖；加州大学32岁的葛洛斯和他的研究生，22岁的威塞克发现了"夸克局限"现象，2004年获得诺贝尔物理学奖；另外，加州理工学院24岁的研究生普利泽发现了"渐近自由"，解决了"夸克禁阻"现象，也于同年获诺贝尔奖。

诺贝尔奖是国家科技创新的重要指标。我经常跟我的研究生说："看看人家都是22岁、24岁获奖，你们都24岁、26岁，怎么就不动脑筋想一想？"2015年，屠呦呦凭借青蒿素获诺贝尔生理学或医学奖。我把原理跟他们一讲，他们觉得这太简单了！大家知道青蒿素是从青蒿中提取出来的。青蒿里边的这个成分（青蒿素）能杀死疟疾里疟原虫，治疗疟疾。我老家是文水的，夏天蚊虫多，我们那里没青蒿，只有臭蒿。我们把臭蒿砍来，弄点火苗一直冒烟，蚊子闻到臭蒿的味道就飞走了。治疗疟疾则需要把这个青蒿割下来放在锅里100℃的开水里煮一煮，把树叶、树枝捞出去，青蒿素溶在水里边，加热把水蒸发掉，结晶出青蒿素。但是，化学上讲青蒿素在80℃左右就分解了，所以怎么也做不出来青蒿素。最后，屠呦呦就想到用化学上的酒精（78℃沸腾）、乙醚（35℃沸腾）。把乙醚像水一样放在锅里，把青蒿揉碎放进去，捞出树枝，然后加热。叶子里的青蒿素都溶到乙醚里，然后蒸馏掉乙醚结晶出青蒿素。屠呦呦凭借把水换成乙醚这一点，就斩获了诺贝尔奖，但是谁去探索这些简单的现象？

每每我们的高中生一做课外题，这和高考无关不许看；小朋友在幼儿园，这个地方危险不能去。什么也不让做，创新性的思维怎么样能产生呢？世界上的重大发现，绝大部分和年轻人有关。牛顿18岁上大学，22岁大学毕业。牛顿坐在苹果树底下，想起了数学上的limit（极限），在22岁正式发表论文，建立了数学上的微分学，同时利用他创立的微积分，在24岁推导出了万有引力定律，26岁建立数学的积分学。牛顿在26岁前，把数学上的微积分全部敲定。我们地球宇宙所有运行的规律，都是遵循万有引力定律的。维多利亚女王说：英国日不落帝国即将走向全世界，全世界的人都会知道英国。为什么要知道？因为初高中课里要讲万有引力定律，这是由英国的物理学家牛顿提出来的。每当想起我们应该如何冲出亚洲，走向世界？我们必须要有思想引领！有一次，我问我的研究生：牛顿发现了万有引力定律和牛顿三定律，怎么就获不了诺贝尔奖？结果他很奇怪，支支吾吾半天没有回答出来，问："董老师，为什么获不了？"我说："你只学科学，没有学人文，没有学科技史。牛顿距今有300年，诺贝尔才100年呀！"我们要学习万有引力，首先得学习牛顿探索的精神。看看牛顿22岁、24岁做的事，爱因斯坦26岁发表《相对论》，比尔·盖茨21岁创办微软。每当想起这些，怎么样把年轻人创新的潜力激发出来？这是我们每一个教育家、每个教授要想的问题。文科何尝不是这样的？29岁的马克思和27岁的恩格斯两个人联合发表了《共产党宣言》；毛泽东26岁领导了秋收起义；霍去病21岁就打败了匈奴，有无数的年轻人给人类作了巨大的贡献！在统计诺贝尔奖后，我们发现：在逻辑思维方面，数学、物理创造的巅峰在30岁左右；医学需要积累经验，可能到50—60岁；那文学更需要人文关怀，需要的是年龄更大。

四十余年科教心得

我们应该如何把年轻人的热情激发出来？我在山西大学40多年的教学科研中有很多的心得，在这个过程当中我也思考山西大学的办学理念。中西汇通就是把世界上最先进的文化学过来，求真至善中的"真"就是科学，"善"就是信仰、宗教、伦理，求真必须达到善良。一个科学家没德行是世界的悲哀，所以山西大学一直秉承着这样的理念，来激发年轻人的创新意识。那么科学研究和教学的终极目标和终极方法是什么呢？我经过不断地思考总结如下：科教的目的就是要立德树人，就是要让学生和老师热爱科学，服务社会。

立德树人就是培养学生的人生观，热爱科学就是要培养学生的兴趣，服务社会就是要培养学生脚踏实地。所以立德树人要求我们老师学高为师、身正为范。我们必须有水平，否则你的研究生怎么能有水平？1991年，我在化学系做班主任的时候也抽烟，为了不让学生抽烟，我首先要戒烟，做到身正为范。我们在做月饼的时候，凹进去的那个叫模，鼓出去的叫范。中间放一块面一切，就可以做一个月饼，形状是非常规矩的。现在的青年教师更应该做到身正为范。你如果要求学生不喝酒，你首先要做到不喝酒。我们就要鼓励本科生、硕士生和博士生热爱科学，把他们的兴趣提起来，不要让他们为了得个奖学金、发几篇文章、为了升职和就业而做研究，真正的创新来源于兴趣。如果对科学研究有了兴趣，不愁出不来牛顿。但是怎么样激发年轻人的兴趣，值得我们学校和老师思考。另外，我们老师用了纳税人的钱，社会养育了我们，我们一定得回馈社会。我们要把我们的思想美德，像春风一样地刮向社会，把我们的科研成果让老百姓用上，所以服务社会是我们高校老师当仁不让要做的事，产教融合就是要践行为人民服务的理念。

我认为：创新创业不是人类的终极目标。因为创新属于认识世界，创业属于改造世界，改造世界和认识世界是人类的终极目标吗？我们读了半天书，创造了半天，到了超市里边口袋里没钱，那科学和创新创业又有何用？所以，创新创业必须创富！认识世界改造世界必须和谐世界！最后大家和谐了，社会必须美好！所以我觉得最终应该创新、创业、创富和创美，对应着认识世界、改造世界、和谐世界和美好世界。哲学上就讲了两个：认识世界和改造世界。我认为人类应该再往形而上推进一步，要和谐世界和美好世界，这是我们老师的主要任务。

我们教书育人，实则传道、授业、解惑。什么是传道？道就是人生观，就是要和谐，就是要美好。这么多年来，在我课题组毕业的硕士和博士也有100多人了，评上教授和副教授的有20多位。以前只强调他们做实验，他们只注重发文章，现在我越来越感到做人太重要了！人做不好，做事又有何用？所以做事的前提是先得做人！每个老师授业的前提必须传道，必须把人生观和自然观结合起来，这才是一个好老师。

我有一次到幼儿园参观，看见幼儿园的小朋友吃完饭剩下的就扔了，就问园长。园长说，一开始小朋友来了，我们必须让他们吃干净，后面慢慢也就不管了。有时候我和研究生讨论实验晚了，一起在食堂吃饭，有个学生买两个馒头吃了一个半，把剩下半个扔了，我马上批评道："你怎么能这么浪费呢？下个学期就把你的补助停了！你这是浪费民脂民膏，钱是你的，但财富是全人类的。你可以使用钱但是不能浪费资源。

我们是环境科学的，我们要学会保护资源。"之后不断地教育他、感化他。

做人就是人生观，做事就是自然观，一个是形而下学，一个是形而上学。伟大的哲学家亚里士多德说，自然界中的学问，无非就是形而下学和形而上学。形就是物体，就是自然界。自然界之下的学问就是化学、数学、物理。不管是无产阶级、资产阶级，好人、坏人都得认为1＋1＝2、氢气和氧气反应生成水。但是形而上的文学、哲学、法学等是不一样的，形而上带着情感、信仰和价值。所以做人就是理想、情怀和立场，做事就是本领、能力和水平。山西大学是百年老校，我们培养出的学生到社会上，一定要又红又专。我们要让高科技的思想和美德结合起来，从而引领人类的未来。

山西大学进入了双一流的行列后，学校的机制体制也发生了新变化。我们在迈上高质量崛起新征程的时候，学校未来一定会有更好的发展，展现给这个世界。衷心地希望我们每一位老师和学生，为山西大学的未来谱写更加光辉的篇章、作出自己的贡献！

谢谢大家！

肖　珑

蓦然回首——追寻生命的意义

演讲者简介

　　肖珑，1986年毕业于北京大学图书馆学系，现为北京大学二级研究馆员，山西大学图书馆顾问、研究生导师，兼任国际图联（IFLA）知识管理专委会常委、中图学会学术委员会用户研究专业组主任，曾任北京大学图书馆副馆长、教育部中国高校人文社会科学文献中心（CASHL）副主任、教育部高等教育文献保障系统（CALIS）全国文理中心副主任、高校图书馆数字资源采购联盟（DRAA）副理事长、山西大学图书馆馆长、山西图书馆学会副理事长。

　　主要工作与研究领域：图书馆管理与服务、数字图书馆与数据标准规范、信息资源建设与共享、数字人文与数字出版、图书馆建筑与空间布局等。已出版《数字信息资源的检索与利用》（第一、二、三版）、《中文元数据概论与实例》等专著或教材17部，发表中英文论文110余篇，完成国家社科基金、教育部人文社科基金等国家及省部级科研项目或课题7项、国家精品视频课1项、国家标准1项。曾列名国家科技进步奖，获教育部中国高校人文社会科学研究优秀成果奖、北京市哲学社会科学优秀成果奖、北京市教育教学成果（高等教育）奖等国家及省部级科研和教学成果奖3项。2021年获教育部高校图工委"高校图书馆榜样馆员"称号。

各位老师，各位同学：

大家好！

我是肖珑，感谢"令德讲堂"的邀请，让我有机会以一个北京大学研究馆员的身份，讲讲我和山西大学图书馆的故事。我今天演讲的题目是《蓦然回首：追寻生命的意义》。这个题目的上下句分别源于南宋词人辛弃疾的名句"蓦然回首，那人却在灯火阑珊处"和奥地利作家、心理学家维克多·弗兰克尔的书《追寻生命的意义》。

我在北大图书馆已经工作了30多年，这是李大钊先生当过馆长、毛泽东当过图书馆员的地方。PPT上的第一张照片，就是北京大学图书馆现在的馆舍。2019年4月，我被北大派到山西大学来挂职工作，第二张照片是现在的山西大学坞城校区图书馆外景。两个图书馆的风格不同，但都是我非常热爱的图书馆。

北京大学图书馆外景

山西大学图书馆外景

在山西大学，我经常和年轻人交往，年轻人给我提出了很多问题。这些问题，一部分是跟我的专业有关的，比如说怎么检索和下载文献，怎么鉴别信息的正确性和可靠性，如何撰写论文综述等与学习研究方法有关的各种问题。这方面问题因为我平常上课作讲座已经讲了很多了，今天就不讨论了。

还有很多同学，向我提出很多和人生观、生活观有关的问题。比如说我的研究生问我："老师，我毕业以后，是不是最好的选择就是去考公务员或考博士？"还有年轻的同事跟我说："馆长，你看我来了几年了，但我还是抓不住我这个职业的核心所在，我怎样才能做好职业规划呢？"等等。

我跟同学们聊多了以后，感觉可以从这些问题里抓出很多内涵关键词来。比如说职业生涯、人生规划、人生态度、成功策略、幸福指数等，我把这些小的关键词归结为一个大的命题，叫作"生命的意义"；通俗地说，就是活着是为了什么。这个命题，涉及哲学、宗教、心理学、社会学很多学科，其内涵也涉及人生的价值观、道德观等。

我今天就跟大家分享一下我在山西大学的这段经历，一是从2019年4月到今年7月这3年多时间，我在图书馆都做了什么；二是除了图书馆的工作，我还喜欢做什么。通过分享，来说明我对生命之意义的一些看法。

图书馆之爱

首先讲讲我在山西大学图书馆的经历。在这里，我主要是致力于和图书馆的同事们一起，按照如下几个目标建设山西大学图书馆。

第一个目标是建设一流的高校图书馆，大家都知道我们山西大学已经成功地跨入"双一流"建设的高校行列，那么图书馆也要建设成为一流的高校图书馆，支持学校的发展。为什么这么说呢？因为我们山西大学图书馆并不是因为学校进入了"双一流"建设行列，就自动成为一流高校图书馆了，而是还有一定差距，比如说馆舍面积，现在的面积还不到3.5万平方米，可是按照我们山西大学学生的数量，我们应该有差不多7万平方米，才能满足师生的需要，才算是达标，所以我们确实还有差距，还需要继续努力。这几年学校对图书馆的支持越来越多，并且在规划建设东山校区的新图书馆，所以我对此是非常有信心的。

第二个目标是要建设一个功能多元化的公共服务机构。这些功能包括：

功能1，文献信息资源服务，图书馆要有丰富的数据库、书刊和各种特藏，同时为同学们提供相关的各种服务，比如说借阅、检索、下载等。

功能2，学习支持服务，就是为同学们的学习提供服务；比如信息素养服务，就是图书馆为同学们开设各种讲座和各种课程，教会同学们检索学术资源、学会鉴别什么是正确的学术信息。

功能3，教学支持服务，比如说图书馆为老师们的教学提供教学参考书的服务，把教参服务与教学衔接起来。

功能4，研究支持服务，为老师和研究生的科研、为学科的个性化发展提供服务。

功能5，文化服务，图书馆是保存人类文明的机构，当然也要继续传播人类文明、传播中华文化。

第三个目标就是要把山西大学图书馆建成一个有温度的、贴心的读者之家，要把服务做到精细化，按照不同的读者需求提供各种不同类型的服务。比如，教师有教师的需求，本科生和研究生的需求是不一样的，考研的同学和大一、大二同学的需求又是不一样的。有的同学到图书馆来敲电脑，希望有给电脑充电的地方；但也有同学希望有个安静的读书之地。这种情况下，我们就要做动静分区，这就是有温度的、贴心的读者之家服务。

这三个目标是我们这几年一直在努力的方向，也确实取得了一些成绩。比如说：第一件事是延长了开馆时间，以前图书馆周五的下午和晚上都是闭馆的，这两年不单是周五下午开馆了，周五晚上也开放了，这样图书馆就是每天7:30到22:30开放，可以做到7天×15小时，周开馆时间达到105个小时。这个开馆时间在全国的高校图书馆里边，应该算是比较好的了，逐渐追上了那些先进的高校图书馆。

第二件事是实现了图书馆内无线网络全覆盖。山大图书馆以前没有无线网，也没有手机网络，进了图书馆，手机接电话都是断断续续。这两年我们找移动公司和学校的现代技术教育中心合作，争取到了学校的经费支持，又咨询了北京大学计算中心，终于做到了图书馆手机网络和无线网络全覆盖，没有死角。

第三件事是增加读者座位。原来坞城校区图书馆的座位一直不够，同学们快到考试的时候就抢座位，7:30开门，很多同学不到7点钟就在门口排队等着。所以我们这几年也在空间功能、家具、布局等方面挖潜，想办法在图书馆陆续增加了300多个座位，还为教师开辟了专用的研修区域。

第四件事就是这几年增加了大量文献信息资源，包括近百个校园网上可访问的数据库，和40多万册的可借阅图书，当然这40多万册一部分是买的新书，另一部分是把书库里胡乱堆放的旧书做了书目数据并上架，把"死书"变成了可查询借阅使用的"活书"。

第五件事是增加了大量的读书类活动，我们开展了百年大讲堂活动，其间请一位教授来普及古籍方面的知识，请著名的科学家杨卫院士来作读书分享的讲座，讲座之后我们山西大学党委书记王仰麟还为他颁发了证书。

上面说的这几件事主要还是指学习支持服务、教学支持服务、文化支持服务，我还想给大家介绍图书馆的研究支持服务。一是我们这两年申请了高校国家知识产权信息服务中心，为校内科研和校外企业提供专利分析和知识产权服务。例如我校副校长程芳琴教授获得国家科技进步二等奖的课题《煤矸石煤泥清洁高效利用关键技术及产业化应用》，图书馆帮助做了很多专利分析报告。二是我们已经连续4年帮助山西大学做学科竞争力的分析报告，今年更是完成了18个一级博士点学科的数据统计和分析。三是"文瀛信息素养课堂"，就是我刚才提过的信息素养服务，这方面服务同时具有研究支持、学习支持和教学支持等多方面的功能。PPT上这张图片是"文瀛信息素养课堂"这个学期的讲座题目，其中有包括电子资源的介绍、怎么检索电子资源、怎么用电子资源写文献综述和论文，还有个人信息安全等一些知识性的讲座。

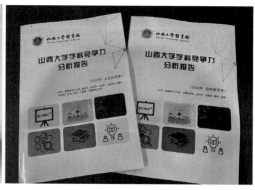

我还想再介绍一下这两年图书馆空间的变化和新服务。常去图书馆的同学都知道，二楼大厅原来空荡荡的，也没有名字，我们给它起了名字"阳光大厅"，因为它的房顶是玻璃顶，阳光可以透下来；利用自然阳光，我们做了一个绿植小岛在中间，又集

中了电子资源检索、目录查询、馆员参考咨询、自助借还、自助打印复印、新书展示以及一般性的研讨和学习等读者最常用的服务在这个大厅里，这叫作一站式服务（One-stop service）。我们的目的，就是让读者在"阳光大厅"感觉到方便和温馨。

　　还有图书馆一楼进门的地方，我们把这里原来的废弃水池全部填平，建成展览大厅，一年要搞多次文化展览，目的就是让读者一进图书馆就感觉到文明与文化的高贵，就有读书的欲望。我们2021年做的党史文献展览，2022年是一个书刻（就是跟书法有关的木刻）展览，是书刻这种文化形式和山西黄河古渡文化主题的结合。

　　在中国风专题特藏室，收藏有山西的地方文献（山西地方文献中心）、山西大学老师们的著作和同学们的学位论文（山西大学文库），以及像云冈学这样的特色学科文献（云冈学文献中心）。然而它不仅是一个专题特藏室，还是教师的专用研修区，无论是哪个学院的教师，都可以带着自己的电脑和资料等，在这里进行研究。

还有2022年9月份建成的"闻道堂"。"闻道"即听讲道理之意，这个"闻道堂"是个读书一站式服务空间，既有新书的展示区，也有小组学习和讨论新书的地方，也有个人看书的地方，那些红椅子就是给个人读书用的；右侧柱子里边是沙龙空间，我们也会经常和同学们在那办读书沙龙。

刚才只给大家提纲挈领地简单展示了图书馆这几年的变化、新空间和新服务。我也经常碰到老师问，肖老师做的这些挺好，但你怎么知道要这么做？首先呢，因为我是北大图书馆学专业毕业的，还是比较懂图书馆的，也比较懂读者的需求和文献资源。所以图书馆大致应该向什么方向发展，还是基本能够把握的。但我更想说的是，这是我的职业，为什么特别强调职业？因为我以从事这个职业而自豪，这个职业是我热爱的工作，对于我这样一个在图书馆工作了30多年的人来说，我真的是很爱图书馆、很爱读者、很爱图书馆的书和数据库。

我还想分享一个小故事：我来山西大学之前，北大的党委书记郝平教授动员我来山西大学援建。我当时说，我为什么要去山西大学？我和山西大学没有什么历史渊源啊。但是他说，你可以还去图书馆工作，当馆长，发挥你的职业长处。我一听就来了兴趣，为什么？因为图书馆就是我的最爱，于是我就说先去看看。到了山大以后，当山大组织部的老师带着我走进图书馆的时候，读者、书架、阅览桌椅和图书馆员……我真的立刻就觉得特别亲切和熟悉，真有那种"天堂就是图书馆的模样"的感觉，所以在那一瞬间，我就决定来山西大学工作了。

寻找到生命的意义

刚才跟大家分享了一下我们图书馆的工作。除了图书馆工作之外，除了我爱的图书馆员特别是专业图书馆员（Professional Librarian）职业之外，我也会做很多其他的事情。比如我还从事教学工作，很喜欢为同学们上课，讲述怎么做资源检索、确定论文选题、写文献综述等。我在北京大学和山西大学都兼课，也确实很喜欢教学工作。

同时我还做很多科研工作，我的科研成果累计有论文110余篇、专著18部、国家精品视频课1门、国家标准科研项目1个、省部级以上科研项目7个……我还带研究生。教学和科研，对于图书馆员来说并不是强制性要求，是可选择的，但我还是选择了它们并且很喜欢，做这些事情也有利于我的职业能力和水平的提升。

除此之外，我还尽我所能为社会做一点善事。我资助了青海藏区的一个小姑娘，我从她上小学二年级开始，就一直资助她读书，这个孩子现在已经是一个大姑娘了，我非常为她自豪，也很感谢他们家和她的学校，给了我这样一个机会来帮助这个孩子，资助她上学、帮助她学习，也经常给她寄一些书和衣服等。能够帮助一个藏族女孩子——藏语、汉语、英语三门语言都学，成为一个藏族大学生，还是很有成就感的。

其他我喜欢做的事情呢？比如说读书是不能少的，在山西期间也一直买书读书。我也喜欢去旅行，走过国内国外很多地方，还在美国阿拉斯加的小城费尔班克斯（Fairbanks）拍摄了北极光，北极光的上方是北斗七星。读万卷书行万里路，让我很见识了世界之大，开阔了胸怀，也渐渐地爱上自然。

总之，无论是我的职业，还是我跟那个藏族姑娘的情缘，以及所有的这些爱好，对我而言，总结起来就是生命的意义之所在。这里借用维克多·弗兰克尔《寻找生命的意义》一书中的理念，我理解生命的意义是：首先，生活并非简单活着，不是仅仅为了活着而活着。第二，生活并非单纯地祈求快乐、祈求幸福、祈求成功，比如说为了当官而追求升官，为了发财而违背良心，或者单纯地追求快乐。对于我来说，生活就是为了寻找生命的意义。所以维克多·弗兰克尔那本书，书名也有人把它译成《活出生命的意义》，无论是寻找生命的意义，还是活出生命的意义，都是表达出了这样的理念，就是我们生活是为了寻找生命意义之所在，这才是为什么要生活，为什么要活着。

对于我这样一个已经走过半生的人来说，在北大工作了30多年，到山西大学只有短短几年。而恰恰是在山西大学的时候，忽然有一天"蓦然回首"，我觉得我已经找到了自己生命的意义之所在。仍然借用弗兰克尔的3个理念，来说明这生命的意义之所在是怎么找到的。第一个途径是工作，做有意义的事情。无论是我和同事们一起把一个图书馆建成真的是有天堂模样那样美好的图书馆，还是我们开展教学，抑或是我自己做科研，都是非常有意义的事情；我们做的很多服务、准备的很多文献信息资源、写的很多教材和文章、完成的很多项目，可以来帮助读者，受到读者的欢迎，为师生和同行所参考，这就是我们图书馆员的职业意义所在，也是我热爱这个行业的缘故。

第二个途径是关爱他人，帮助有需要的人。这是特别重要的，不要总是觉得需要别人帮助，虽然每个人确实都需要别人帮助，但也要想办法去发现和关爱他人，去帮助有需要的人，这也是我为什么愿意一直来来回回从北京跑到太原，又从太原回北京，愿意在山大工作的缘故。

第三个途径就是要拥有克服困难的勇气。人这一生，谁都会碰到各种各样的困难，有些困难可能不大，但也有一些困难让人觉得可能在那个瞬间跨不过去了。这个时候，我们就需要拥有克服困难的勇气，要有那种无论怎么样我都能够迈过这道坎、跨过这条河的自信。那么又如何做到这一点呢？我刚才讲到了，一要读书，二可以旅行，还有一些业余的爱好；读书能够让人发现外边的大世界，旅行更是让自己的眼光和胸怀越来越宽阔，这时候我们就会拥有一颗很大的心，会觉得眼前这点事情，无论怎样我都是能够过去的。这个时候，我们就拥有了克服困难的勇气。

我用最后这三点：工作并做有意义的事情、关爱他人、有勇气克服困难，来总结我作为一个普通的学者、普通的图书馆员，所感受到生命的意义之所在。

祝福山西大学和图书馆

最后，我想献上这样一组花，这些花都是我自己种的，从左到右分别是芍药、海棠、月季和向日葵。我想用这组花表达我的感谢，感谢山西大学，在山西大学和山西大学图书馆的3年多时间里，我发现了自己对生活的热爱所在，发现了自己对生命的意义之感受所在。很多人都说，感谢你帮助山西大学做了很多工作，但是我要说，感谢山西大学给了我这样一个机会，在人生的余年中，我永远忘不了山西大学和这段时光。

2022年是山西大学建校120周年，也是山西大学图书馆建馆120周年。120年，对于一个人的年龄来说，是一个很大的数字了，但对于一个学校的校龄和图书馆馆龄而言，却正是芳华绝代之时。所以，她未来的路还很长；我们对山西大学的爱，对山西大学图书馆的爱也很长。我把这8个字"百廿芳华，路远情长"献给山西大学和山西大学图书馆，祝福山西大学，祝福山西大学图书馆。

谢谢！

高 帅

脚下有泥 心中有光

演讲者简介

高帅，男，山东乳山人，山西大学经济与管理学院教授、博士生导师，全国教育扶贫和乡村振兴专家库成员，中国国外农业经济学研究会理事，三晋英才（拔尖骨干人才），山西省高等学校优秀青年学术带头人，山西省科教兴晋突出贡献专家，山西省高等学校人文社科重点研究基地"山西绿色发展研究中心"执行主任，山西大学乡村振兴研究院产业与生态振兴研究中心主任。在《Habitat International》《中国人口科学》《中国农村观察》《中国人口·资源与环境》《上海财经大学学报》《财经科学》等期刊发表论文多篇。主持国家社会科学基金2项、省部级项目和贫困县退出、巩固脱贫成果第三方评估等课题多项；参与联合国粮农组织（FAO）及世界粮食计划署（WFP）、国家社科基金

重大项目等课题多项。出版学术专著《贫困识别、演进与精准扶贫研究》，荣获山西省第十次社会科学研究优秀成果奖一等奖；先后参与山西省、内蒙古自治区、黑龙江省、青海省、云南省、宁夏回族自治区、吉林省贫困相关第三方评估，获评国家乡村振兴局2021年度巩固脱贫成果第三方评估先进个人。研究方向为减贫与发展、乡村振兴。

大家好！我是高帅。

很荣幸有这个机会站在这里。应该说是倍感荣幸，山大百廿华诞，很多老师在山大几十年，我在山大第一个十年。波澜壮阔的第三方评估，我只是众多参与者中的一个。特别想把这个故事讲好，演讲前一天刚调研回来，有些疲惫，但足够真诚。

2021年《导师有约》让我讲讲这些年科研的体会，想出《脚下有泥，心中有光——我和脱贫攻坚的那些年》这个题目的时候，我有些激动，这正是我想表达和传递的。组织者会青老师说要不要考虑换个题目？可能有的人对脱贫攻坚不感兴趣，可能来听讲座的人不会很多。我说即使一个人来听，我也会好好讲。结果，诚如会青老师所料，如果以人数多少来定义讲座的好坏，显然上次讲座不是那么成功。人数只有别的讲座的一半。但我想，哪怕只有一两个人真正听到了我想表达的，也就足够了。今天我依然想讲讲我和脱贫攻坚的故事，讲讲在脱贫攻坚背景下，踏着两脚泥，找寻指引我们前行那束光的故事。

"由于中国经济的飞速发展，很多人，尤其是年轻人已无法感知什么是贫困。我亲历了贫困，许多贫困的记忆至今仍历历在目。"这是我导师王征兵教授给我书稿写的序言，而我对贫困同样深有感触。

我是一个农家子弟，出生于山东烟台和威海交界的一个小山村。

我是村里为数不多的大学生之一，这可能得益于我爷爷的"高考激励"政策，孙子考上大学，每人奖励1000元，孙女没有。1000元在2000年前后的农村应该算非常可观的数目了，不过这也多多少少有点重男轻女的意思，孙女被剥夺了获得奖励的机会。爷爷重视教育的思想传承给了父亲，在家境不是很好的情况下，我经历了借钱上学、家里为上学费用发愁的情况。不过，但凡是学校学习需要的东西，只要我开了口，父亲几乎不会犹豫就答应了。上大学那会儿，我总感觉运气不太好，因为一分之差调剂到西北农林科技大学，学校名字特别长，以至于介绍我的学校时，总感觉一口气说不完，知名度还不高。

艰难地从农村走出来，又进了一个农林院校。这还不是最糟糕的，我的本科专业是旅游管理，2年后专业停招了，读研时我又被迫选择了农经专业，然后开始研究农村贫困问题。兜兜转转，又回到了农村。

2010年开始，我随中国农业科学院聂凤英研究员团队多次参与了贫困调研。

在云南调研时拍的这张照片我很喜欢，年轻，行走在乡间，充满着希望。那时候的路似乎都不太好，我们踩着泥、带着伤走过了很多地方。

 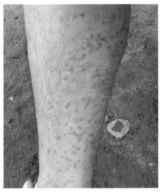

在陕西秦岭深山调研的时候，我的两条腿上都是包。

一开始以为是蚊子咬的，捂上了长裤，闷得有点肿了，一边喷花露水一边访谈，后来才知道是湿疹。山里环境潮湿，调研经常需要卷起裤腿，踩过泥，蹚过河，真菌感染，很难治愈，现在到相似的环境，还是会复发。

那时候的那些村庄，通讯靠吼，交通靠走。

我们看到秦岭山村里孩子喝大量的糖水，因为吃不起肉蛋奶。

我在甘肃跟一位40多岁的大哥聊天，他端着一碗混了少许辣椒和醋的面，我问："你不吃菜吗？"他说当地气候种不出来，买菜又太贵，大家都这么吃，连着吃一个月也没什么问题。他说这话的时候，就像今天刮风明天下雨一样平静，习以为常了。

猜猜这张照片拍摄于哪一年？之前有的学生说，九几年，甚至有猜是20世纪80年代的，这个是我2012年拍的甘肃清水县小麦脱粒的场景，而这样的场景我在山东农村从来没见过……这是我走出农村后对贫困地区最直接、切实的体验。贫困地区的发展与我出生的东部农村相比有着10年甚至20多年的差距，走的地方多了，我越发感受到贫困研究的意义，从开始学习农经的不甘心，到慢慢庆幸有这样一些研究能给我一个，尽我所能为贫困地区、落后农村做点什么的机会。

2013年6月，我博士毕业了。博士论文致谢中，我是这么写的："或许我不能改变什么，但可以让更多的人关注贫困地区农村落后的现实。"

2013年11月，习近平总书记在湘西十八洞村首次提出"精准扶贫"，不知道他有没有看过我的呼吁。

2014年10月17日，是国务院设立的首个扶贫日，那一天，我女儿出生了。这让我觉得我与贫困研究真的有着浓得化不开的缘分。为纪念这特殊的缘分，我的女儿一直过着阳历生日。

这两年，很多人开始说我运气好。2015年，我们迎来了脱贫攻坚，迎来了乡村振兴，曾经很不看好的学校、很不看好的专业迎来了春天。更幸运的是，学校比我更努力，我们入学的时候，很多同学都是调剂的，到毕业的时候，以我们当时的分数已经考不进那所大学了。

当然我们山大也一样努力，很多同学可能会跟我一样感慨，特别是在2022年，共同见证了山大入选"双一流"建设高校的喜悦与荣光，并且是唯一新增两个学科的高校。对于我的母校和山大，感恩，也很感激。

2017年，我招到了第一个研究生。各种原因吧，我成为硕导后几年没有学生，好不容易招了一个，史婵。

史同学来的第一年，我们团队开始在北京师范大学刘学敏教授、李强教授的带领下广泛参与到贫困退出第三方评估中。脱贫攻坚作为国家重大战略，用波澜壮阔来形容丝毫不夸张，而我们身在其中也有很多难以忘怀的经历。

2019年夏天，我们去青海做贫困退出抽查。

小时候地理学得不好，去了之后才知道青藏高原是包括青海的，海拔4000多米，离天很近的地方，很多师生都发生了高原反应，当地政府给每位调研员都配备了氧气瓶，不论身体素质如何，走路都得小心翼翼地。

当地90%以上是藏族和回族，主要产业就是养牦牛。一周的调研，我们在反馈会材料中写到比如产业融合发展不足等问题。

临结束的一天，跟一位乡镇干部聊，他说兴海县是三江源头，是国家重要生态功能区，中国的水塔，产业发展受限，不是不想发展产业，是他们觉得牺牲当地的发展换来半个中国的饮水安全，是值得的。那天我们连夜修改了反馈报告，对一个偏远地区基层干部有这样的格局和胸怀肃然起敬。对一个政策实施的评价，不应囿于习惯和经验，正确的理论并不一定完全切合实际，有的实践会让理论感到惭愧。

2019年冬天，内蒙古贫困退出第三方评估。

一提到内蒙古很多人都想到了美丽的大草原，然而，征集调研队伍的时候，化德县刚刚发生过鼠疫，鼠疫是烈性传染病（也称黑死病，中世纪曾造成全欧三分之一人口死亡），两个甲类传染病之一，另一个是霍乱（最近大家可能有所耳闻）。我们有点担心会不会有恐慌情绪，影响大家参与调研的积极性。讲明利害后，队伍很快就满员了，我们做好防护按时完成了任务。然而，同期的一个调研队伍到四子王旗的江岸苏木当天与鼠疫擦肩而过。鼠疫常见传播途径是跳蚤，牧区地广人稀，由于我们需要进村入户，近距离接触后我心里也是七上八下。我对史同学说，这真是令人难忘的一天。不过显然她觉得鼠疫并没有什么，要是因为鼠疫没来这个地方就有点什么了。年轻人的无畏往往没有什么道理，面对各种各样所谓的大小风险，这一大群年轻人一笑而过。

　　2021年年底，我们开始进行巩固脱贫成果后评估工作。

　　不知道大家有没有看过电视剧《山海情》？讲的是福建帮助宁夏脱贫的事情。1972年的西海固地区被联合国认定为"最不适宜人类生存的地方""苦瘠甲天下"。西海固地区进行"吊庄移民"，什么是吊庄呢？就是像吊车一样，把整个山区村庄移到黄河灌区，村庄的建制还在，地还在。调研的时候有学生问，为什么不早点搬？

　　因为迁入地是戈壁滩，很多地方光是捡石头就捡了3年，也很苦。我去过几个村庄，村里是有学校的，硬件还可以，大多数可以实现远程教育。

　　年轻的老师还在村里，很多有本科学历，工资水平高于县直机关同职级人员20%，年少的学生还在村里，农村基础教育正在从"有学上"到"上好学"转变。我们团队

70位师生有幸见证了西海固在脱贫攻坚过程中翻天覆地的变化。

总有学生问我，举国之力搞这么一场声势浩大的战役值得吗？是啊，这场战役除了声势浩大，更有1800多位扶贫干部因此牺牲。很多时候很多人都会讨论这是否值得？但想必，当直面一家接连遭遇两个儿子相继离世、留下4个孩子需要抚养的老两口时，或是面对丈夫去世、艰难抚养3个孩子的单亲妈妈时，抑或看到七八十岁的高龄患病老人孤身一人艰难生活，却做不到病有所医时……你都很难去思考投入这么多的人力、财力、物力是否值得，那些贫困万象只会让你希望有人能把他们从生活的泥潭里拉扯出来，希望他们能活得更体面、更有希望一点。如果不是这次行动，许多山区的妇女仍会选择在家中自行分娩；许多地区的女孩从一出生就被剥夺了受教育的权利；许多患病的人真的会在家等死……其中，有人付出生命，有人牺牲了家庭，有人放弃了世俗意义上的大好前程，无数人无私的奉献才有了脱贫攻坚所取得的成绩。而我们又何其有幸，参与和见证了这一切。

5年多，7省39个县1000多个行政村，走访近4万农户。

我们团队走过山西、黑龙江、内蒙古、云南、青海，跨过大东北，迈过西南边陲，青藏高原、云贵高原、黄土高原，看到震后重建的玉树、鼠疫暴发的四子王旗，寒来暑往，日出日落，见识了祖国的大好河山，也见证了祖国的脱贫攻坚事业。惟其艰难，方显勇毅，惟其笃行，方显珍贵。

在校院领导的大力支持下，800多名师生数次参与到我们的行动中，脱贫攻坚的版图上留下我们密密麻麻的足迹。

我们团队不太会宣传，2017年至今，大家在山大的校园网上看不到任何一条宣传报道，这次演讲的PPT照片还是我临时现找的。我怕讲不好这个故事，素材太丰富反而让我心生敬畏。

我很幸运，山大给了我们这样的一个平台，一群志同道合的人相聚一起齐心协力做一点事是不容易的。单凭个人无法完成这浩大的工程，数十位老师共同形成了强有力的团队支撑。正如学敏老师常说：一个人做事，一群人做事业。

2020年11月23日，国家宣布832个贫困县全部脱贫摘帽，幸运的是，同一天，我评上了教授。

史婵也是幸运的，在她上研究生的第一年，就赶上了这个波澜壮阔的好时候。我们一起走过了很多的村庄、见过了很多很多人，有过很多很多感慨，一起写了论文，发表在领域内的权威期刊上。研三的时候，史同学告诉我，她想读博，我想这是好事，应当支持。她参加了复旦大学的笔试，没过。所幸丰富的调研经历给复旦大学的王小林老师留下了深刻的印象，王老师说他在西北大学有招生名额，问她愿不愿意去西北大学读博？考虑到西北大学的理论经济学学科评估是A类，小林老师又是贫困研究领域内的著名学者，我强烈建议她接受这份来之不易的邀请，作为第一个研究生，我觉得这个结果挺满意。

然而，故事还有后续，毕业后一次聊天，史同学告诉我，其实研一的时候，她就在想一件事，怎么退学？我先是震惊，转而惊喜。"惊"的是，感谢史同学的不退学之恩，好不容易招了第一个学生，退学了，我肯定觉得是我的问题，是我不够好，陷于自我否定自我怀疑，甚至影响以后招生的心情……"喜"的是，一个想退学的硕士跟我读完研后，继续读了博士，很可能从此走上科研的道路，成功的路很多，但从导师的意义上讲，这条路是欣慰的。我问史婵，让你转变的点在哪里？她说，读研之前的人生规划是毕业之后考上公务员，科研的大门她看不见也不想去打开。不过伴随着整个研究生生涯的贫困调研让她觉得，确实有能力可以为部分群体做点什么，让社会更好、让中国更好的办法她想不到也做不到，但这个贫困研究是她可以做到的。

我想脱贫攻坚调研影响的学生，又何止史婵一个。杨雷欢同学告诉我：也许所谓见识，并不只是见过的高楼与繁华有多么极致，也应该包含见过的疾苦有多么令人触目惊心。在深入贫困县进行实地入户调研之前，贫困对于她而言只是个遥远而陌生的字眼，对于国家的脱贫攻坚没有任何具体的认知。若不是下乡调研的亲身体验，若不是与农户们面对面交谈，她不会知道贫穷是如此令人触动。中国很大，大到一群人难以想象另外一群人的生活。北上广的繁华是中国，四子王旗的无边草场是中国，临县的边远山区也是中国。或是由于历史的选择，或是由于时代的进程，一些人处在贫困的漩涡之中，苦苦挣扎着。是国家的脱贫攻坚注意到了这群人，也正是脱贫攻坚第三方评估让我们身在象牙塔中的大学生们，能够看到、参与其中，同时让更多的人站出来帮助那些陷于贫困的人，为他们抹去困扰在身边的黑暗，让他们看得见脱贫致富的道路，也走得上这条道路。

我们应该感谢这个时代，它至少给予了像我一样的年轻人脱离农村、逃离贫困的机会，在这个大学生越来越多，一些人感觉读书无用的时代，一些人依然相信读书有用，一些人也确确实实因为知识改变了命运。

我们应该感谢这个时代，让青年学子能够跟随总书记的指引，响应党和国家的号召，到一线实地见证时代变迁，用知识为国家、为贫困群众略尽绵薄之力。

2021年，我们团队在宁夏进行巩固脱贫成果后评估的时候，习近平总书记发表了2022年新年贺词。

他说：民之所忧，我必念之；民之所盼，我必行之。我也是从农村出来的，对贫困有着切身感受。经过一代代接续努力，以前贫困的人们，现在也能吃饱肚子、穿暖衣裳，有学上、有房住、有医保。全面小康、摆脱贫困是我们党给人民的交代，也是对世界的贡献。让大家过上更好生活，我们不能满足于眼前的成绩，还有很长的路要走。

以此共勉。

最后值此山西大学120年校庆之际，祝学校越来越好，祝老师们工作顺心，同学们学习进步！

谢谢大家！

贾新春

母校，是我梦想起航的港湾

演讲者简介

贾新春，1964年2月出生，男，自动化与软件学院院长，教授，博士生导师，工学博士，山西大学学术委员会委员。1964年2月出生于山西省大同市。1985年毕业于山西大学数学系，获理学学士学位。1988年毕业于中国科学院系统科学研究所，获理学硕士学位。2003年毕业于西安交通大学控制科学与控制工程专业，获工学博士学位。1995年晋升副教授，2001年晋升教授。在国内外重要学术期刊和国内外学术会议上发表了160余篇学术论文，其中在IEEE Trans. Autom. Contr.，IEEE Trans. Cybernetics，Int. J. Robust Nonlinear Control，Inf. Sci.，Fuzzy Sets and Syst，IET Control Theory and Applications，《自动化学报》等重要学术期刊发表40多篇。参加了西安交通大学郑南宁院士主持的第一批

国家创新研究群体科学基金项目。主持了4项国家自然科学基金项目，主持和完成了7项山西省自然科学基金项目，完成了20多项横向科研项目。现在担任国家自然科学基金委的人才项目会评专家、面上项目通讯评审专家。2015年获得第八届山西省优秀科技工作者称号，2021年获得山西省科学技术自然科学二等奖。主要研究兴趣包括网络控制系统、智能控制、多智能体系统、无线传感网络等理论与应用研究。

老师们，同学们，亲爱的校友们：

大家好！

我是来自自动化与软件学院的贾新春，控制科学与工程学科带头人。

作为山西大学的一名教师，我在山西大学学习和工作了41年，几乎全部的工作和学习时间都在山西大学。所以，今天我给大家分享一下在山西大学的学习和工作历程。

"情源数学"：良师同窗助成长

1981年，我来到山西大学数学系读本科。大学4年以来，学习非常用功，每天上课经常是早早地到教室里去，提前占座位。当时教室教学环境、桌椅条件都一般，所以不少同学都提前抢着坐在前边，能看到老师的细致讲解。大学期间，我有几个好同学，非常要好的同学，比如说何松年，他曾在中国民航大学担任理学院院长；另一位是张新伟，他是太原市的市长，和我是一个宿舍的。在本科期间，我学习特别勤奋，所有课程的平均成绩在90分以上，位列1981级全年级128人中的第二名。

大学初期，我的理想是能念研究生，经过努力终于在快毕业时考上了硕士研究生。当时，我们128名同学考上了14位研究生，有中科院、上海交大、北大、西北工大、重庆大学，等等。现在，我最怀念本科期间的几位先生，有胥文章教授、王慧珍教授、梁展东教授、燕居让教授等。其中，梁展东教授曾经是山西大学研究生院院长，燕居让教授曾经担任山西大学数学系系主任。

下面大家看到的是我大学期间学生证上的照片，还有一张是我们近30人的毕业班的毕业照。

1985年，我考取了中科院系统所的硕士研究生，当年中科院系统所只招14名研究生。中科院系统所是在1979年10月成立的，组建研究所的3位著名院士为：关肇直院

士、吴文俊院士、许国志院士。关肇直院士是从事控制理论研究的，他参与了我们国家航天航空方面的研究，也是我国No.1的科学家钱学森的主要工作同事；吴文俊先生，是国际机器计算的奠基人之一，大家知道他是获得国家第一届重大科学奖的院士（500万元奖励）；许国志院士是国内运筹学领域的开拓者，在管理学方面也是一位先驱者。我读研究生的同学有14位，其中我的同学张纪峰曾是中科院系统所所长，现任中国自动化学会的副理事长、IEEE Fellow，他曾获得过国家自然科学二等奖两项。我有一位引以为豪的师兄郭雷，他读研究生比我高两届，后来他读了博士，在国内大家都知道他是控制理论领域最牛的一名学者。郭雷教授1991年从国外读博士后回来，1997年获得中国科学院院士，是当时最年轻的中科院院士。他曾担任过中国科学院数学与系统科学研究院的院长。他一直是我学习的榜样。

1988年，我研究生毕业回到母校，在山西大学数学系应用数学专业工作，承担高等数学、现代控制理论、系统辨识与滤波、市场营销等教学课程。1993年，我获评山西省优秀青年学术骨干，1995年晋升为副教授。在1995年期间，大家当时都有"下海"的意愿，大学老师也想在市场、社会上进行一些锻炼，为此，我在期货公司工作了一年多，当过某个期货公司的技术部主任和经纪人经理，给经纪人讲授期货投资和分析课程。当时，可以说我在科学研究方面也不落后，1993年，我首次获得了山西省科研经费资助，当时我29岁，这个省青年基金项目的经费是1500元，现在看起来比较少，但当时我们这些年轻教师一个月工资不到200元，所以说这个项目经费还是比较可观的，当时山西大学获得此类项目的也就10项左右。2005年前我主持了3项省级科研基金项目，2009年获得了第一个国家自然科学基金面上项目支持，到现在为止主持了国家项目4项。2001年晋升为教授，当时是37周岁。2020年我晋升为二级教授，2021年获得了山西省自然科学奖二等奖。这个时期，我们举办了一些学术活动，比如跟山东大学、清华大学组织控制科学方面的一些学术活动。

图中是大学期间与我要好的12位同学，这些同学都跟我岁数差不多，现在大多快退休了，我作为二级教授可以再继续干上几年。

"以数建工"：博采众长励攀登

1999年，我攻读了西安交通大学的博士学位，导师是郑南宁院士。郑南宁院士现任中国自动化学会理事长、中国人工智能联盟常务副理事长，他比我正好大12岁。我读博士的研究所是西安交大人工智能与机器人研究所，是1987年建立的，全国甚至全世界公认的最早从事人工智能和机器人方面研究的研究所，可以想象一下，人工智能、机器人现在特别热，而这个研究所是在1987年建立，可见当时郑南宁院士做的科研工作多么前沿。他现在从事认知科学、无人驾驶汽车控制等研究，与我也有些合作。在读博士期间，我参与了郑南宁院士的一些项目，其中一个项目是"十五期间自动化科学发展调研"，这个项目出了一些成果，2004年左右，我和郑南宁院士、基金委的王成红教授一起在中国基金杂志上发表了其中一个成果。

可以说，我的发展历程是正规的基础数学学习、控制理论研究和控制应用实践，这使我能够在控制科学与工程领域融会贯通。

"优势滋养"：两校合并奠根基

我本科读的是基础数学，逐渐由理论向应用、工程方向发展，现在从事控制科学与工程领域研究。在学校的一些学科建设方面，我作出了一些贡献。比如说，我博士毕业回到母校，担任数学学院科研副院长，与苗夺谦教授、梁吉业教授等联合申报了模式识别与智能系统、控制理论与控制工程、系统工程3个二级硕士点，以及系统工程二级博士点，2017年学术硕士点方面设置了一个一级硕士点：控制科学与工程。2014年，山西大学与电力专科学校合并，使我有机会与自动化系的教师进行交流与合作，更深入地从事控制工程研究。

"工科使命"：迎难而上谋突破

我是从理论数学逐渐往工科发展，带着一种向工程研究发展的理想和为社会服务的理念，迎难而上，希望在控制应用方面有所突破。2018年7月，我担任自动化系主任。在我和研究生院等单位的共同努力下，数学学院的模式识别与智能系统硕士点、计算机学院的系统工程硕士点、自动化系的控制理论与控制工程硕士点，统一调整为：控制科学与工程一级硕士点，同时把电子信息类的控制工程领域专业硕士点划归到自动化系。从而，自动化系全权管理这个学科的教学科研工作，实现了自动化系成立以来学科建设的一个大跨越。现在，自动化系面临着一个挑战：研究生教育师资力量不足。学院研究生规模剧增，由原来的8名增至80多名，短时间内增加了近10倍，所以这个压力很大，需要制定有效的研究生教育改革方案。

2020年5月，学校把自动化系与软件学院合并，任命我担任自动化与软件学院的院长。院系合并以后，我们开了一些新局。比如说，两个单位合并后，有4个专业：自动化专业、测控专业、机电专业、软件工程专业，管理上头绪复杂，所以我选了3名具有博士学位的副教授担任院长助理，协助院长和副院长工作。

2021年，学院研究生招生有两个学科，其中山西省首批网络空间安全学科招收12名学硕研究生，还有控制科学与工程学科16名学硕以及40余名电子信息类专硕，达到68人。2022年，学院研究生招生达到90多名，招生规模再次扩大。再过两年，学院计划3年招生300多人，每年100人左右。招生规模增大主要是为了服务社会，因为控制科学与工程、网络空间安全这两个学科，社会特别需要。打个比喻，就说机器人研究，机电专业可以做机器人的骨架、框架；测控专业相当于机器人的传感器（类似于人类的5个感官），用来与环境进行交互，获取环境信息；自动化专业为机器人设计控制方案、优化决策方案，使得机器人的行动最优；机器人的总体运行管理需要软件系统的支撑，需要软件工程专业，保障机器人各个部位信息的传递。因而，自动化与软件学院的专业设置结构比较好，适合于建立一些新的专业：智能制造专业、机器人专业、网络空间安全专业，这是我近年来想做成的事情。

自动化与软件学院成立后，我们想办法建立更高的研究平台。例如，由王灵梅教授、梁吉业教授、英国奥斯顿大学的陈立明教授和我合作，于2021年成功申报了山西省的第一批国际合作实验室（智慧能源控制与安全国际联合实验室）。软件工程专业申报了省级特色化示范性软件学院。2019年自动化专业获得首批山西省一流专业（两个之一）；2021年机电专业获批山西省一流专业；2022年，自动化专业、软件工程专业获批国家一流专业建设点，我们学院的两个专业进入了国家本科教育先进行列。

祝福母校

百廿华诞，是山西大学人承前启后、继往开来的里程碑，是山西大学人团结奋进、砥砺前行的新起点，更是推动形成学校发展强大的精神力量和新引擎。

风华正茂的母校，必将站在双一流建设高校和高质量发展的新起点，实现新的辉煌。

魏屹东

信念的笃定

演讲者简介

魏屹东，山西永济人，山西大学哲学学院二级教授、博士生导师，国家哲学社会科学成果文库入选者，国家社会科学基金重大项目首席专家，从事科学史、科学哲学和认知哲学研究。《爱西斯与科学史》是国内外第一部运用计量分析方法研究ISIS杂志与科学史发展内在关系的专著，给出了内史转向外史、内史仍是科学史研究之重心的依据。《语境论与科学哲学的重建》以语境论诠释科学哲学，发现语境变换导致了不同科学哲学流派；《科学表征：从结构解析到语境建构》提出语境同一论，以此解释了科学表征问题。《认知哲学手册》围绕认知的思想、研究范式和方法、认知科学哲学家和科学家的思想以及认知哲学的发展趋向展开，是提出"认知哲学"概念后的一部综合性著作。认知哲学作为20多年来的研究重点，不仅在国内外率先设立研究生的认知哲学方向，培养了一批人才，还成功举办了首届国际认知哲学会议。出版专著12部、译著6部，主编《认知哲学译丛》《认知哲学丛书》《认知哲学文库》；在《中国社会科学》《哲学研究》《自然辩证法研究》《自然科学史研究》等权威刊物发表学术论文230余篇。

我的演讲题目是《信念的笃定》。人，不能没有信念。有了信念，才有目标；有了目标，才能笃定人生。

说到我和山西大学的结缘，可追溯到20世纪80年代中期。我记得大概是在1984年或1985年，当时我还在大同矿务局（现同煤集团）挖金湾中学任教。我有一个习惯，就是喜欢看报纸。记得有一天，我去学校的资料室翻阅报纸，看到了《光明日报》刊登的彭堃墀院士的事迹，当时他是从四川来到山西的。我看了他的事迹后，深受感动，由此激发了我考山西大学研究生的愿望！可以说，这是我对山西大学的第一印象，也正是这一印象，笃定了我人生追寻的目标！

成长经历：坎坷奋进

我是土生土长的山西人，在黄河边长大。

小时候，家里孩子多，比较穷，我经常帮助父母干一些家务，比如扫地、喂猪、挖菜、割草、洗碗等。我从小就喜欢观察，喜欢独立思考，比如在黄河边玩水时观察鱼游泳。正是这些童趣促使我养成了一种观察的习惯。生活虽然艰苦，但是塑造了我坚韧的性格和灵魂。

高中毕业以后，我在农村待了4年。可以说，村里的农活我都会干，譬如耙地、耱地、赶车、割麦、摘棉花等，我都干过。现在回想起来，我认为，艰苦不仅能锻炼人，而且吃苦本身就是一种素养。一个人如果不能吃苦的话，恐怕很难干成什么事。

1977年恢复高考，当时我在黄河滩参与"引黄工程"。得到这个消息以后，我非常激动，第二年我就报名参加了考试。那时，家里距离县城有30多公里，我是自己骑自行车去报名并参加考试的。经过不懈努力，我终于如愿考上了大学。可以说，这是我人生中迈出改变命运的第一步。

学术历程：独立创新

大学毕业以后，我被分配到大同矿务局挖金湾矿中学任教，在那儿待了将近10年。在榜样（彭院士）的激励下，1991年，我考入山西大学科学技术哲学专业攻读硕士研究生。这是我迈向学术道路的第一步！

当时，彭院士是校长，有机会能见到我的人生榜样，我很兴奋！榜样的力量一直激励着我一边教书育人，一边做学术研究。读研究生期间，我的导师是邢润川教授，他引导我打下了坚实的科学史基础。1999年，我开始攻读博士学位，师从郭贵春教授（曾任山西大学校长）。

如果说是邢老师引导我学习、研究科学史，那么是郭老师引导我学习哲学，特别是科学哲学。两位导师是我学术成长的启蒙人和领路人。在研究中，我将科学史与哲学相结合，从而使我的知识面更宽、视野更广，为后来的认知科学哲学，特别是认知哲学的研究打下了扎实的基础。

还有一个老师不得不提，那就是张家治教授，他已经90多了。记得在我读研期间，他是科技与社会研究所的所长，曾担任过山西大学的教务处主任。张老师为人严谨，治学严格，虽然我没上过他的课，也没机会做他的学生，但是，在我和他接触当中，给我的印象非常深刻。山西大学的第一个硕士点——自然辩证法（现为科学技术哲学），就是张老师作为学科带头人申请下来的。当时这个专业在全国也很少。张老师还创办了《科学技术与辩证法》杂志，现在更名为《科学技术哲学研究》，这是我国自然辩证法领域的三大杂志之一。从这个杂志创办伊始，随着山西大学哲学学科一步一个脚印扎扎实实地发展，直到2022年获批"双一流"，这本杂志的作用不容忽视，它为我们哲学学科的发展奠定了坚实的基础。

在学术研究的道路上，有三件事令我印象深刻。

第一件事，大约是1993年，是在我读研究生期间。当时面向全国征文纪念毛泽东主席诞辰100周年，我写了一篇关于毛泽东科技思想的论文。由于获了奖，我受邀去人民大会堂参加会议。当时，我是与山西大学赵艺学老师一同前往的。我们有幸遇见了时任全国人大常务委员会副委员长雷洁琼、毛泽东主席的女儿和女婿，并与他们合影。伟人的宏伟理想和深邃思想始终激励着我！1994年到2000年期间，是我学术发展比较快的6年。在职称上，我从讲师晋升到教授。在学术研究上，取得了一点突破，获得了山西首届青年科学大会的奖项和多项社科奖。这更加激发了我的科研热情。

第二件事，是我对国际科学史权威刊物ISIS的研究。当时我的导师邢润川让我研究这个杂志，说它是科学史与科学哲学领域最具影响力的杂志。然而，在那个年代，没有网络，查资料只能到图书馆或资料室。由于这个杂志是采用英语、德语，还有比利时语编写，因此，我只能去国内其他单位查找杂志，颇费周折。当时，我记得我的导师写了一封推荐信，让我去北京，到北京大学图书馆看看能否查到这套杂志。

我先后去过自然科学史研究所的资料室、国家图书馆、首都图书馆，还有科学技术文献图书馆。这些地方我几乎都找遍了，但是仍未找到之前的大部分杂志。最后到了北大图书馆，资料员说，你要查这套资料，只能一本本地借。从1913年创刊到1993

年，80年间的资料一本一本去借，这不大现实。

于是，我就拿着导师的推荐信，找到了时任北京大学图书馆馆长潘永祥。潘馆长很热情，帮我联系了他们的外文资料室主任武振江。潘馆长向武主任说明情况以后，武主任把我领到资料室，把ISIS杂志的所有藏本都搬出来，摆到一条长桌上供我翻阅。当时我在北大资料室待了差不多有十几天，非常珍惜这来之不易的学习机会。我非常感激他们！

可以说，这项研究开创了国内科学史计量研究的先河，同时也受到了国际史学界的关注。记得去牛津时，见到ISIS河（牛津郡内一泰晤士河支流），我很惊讶，这与我研究的科学史权威期刊ISIS竟然同名，就是那么巧合！《爱西斯与科学史》这本书，是在我的硕士论文基础上写的。当时，我的硕士论文有15万字。记得答辩时，导师曾经对我说，山西大学没有博士点，要是有的话，你都可以申请博士学位了！这是令我印象非常深刻的一句话。

第三件事，是2003年我去英国剑桥李约瑟研究所访学。李约瑟的事迹非常感染我。一位英国生物学家，研究中国科技史，这样一种大跨度的转向，对于我们做学术研究的人来讲，我觉得刺激是非常大的。同时，这也启发了我后来的认知哲学跨学科研究。

我在剑桥访学的时候，有幸现场聆听了大科学家霍金的讲座。他与病魔斗争的精神深深鼓舞了我。从那时起，我在剑桥大学图书馆查阅并收集了大量关于认知科学哲学方面的文献，这为我现在从事的认知哲学研究积累了丰富的资料。

在学术成长道路上，我主张独立创新。在认知哲学这个方向，从2007年5月设立至今，已培养出一批硕士和博士，出版《认知哲学》译丛18本，《认知哲学》丛书12本。最近几年还陆续出版了一些著作。比如《认知哲学手册》，这是2020年出版的一本新书，是国内第一本关于认知哲学的著作性教材。

2007年8月，我参加了清华大学举办的第13届国际逻辑学、方法论和科学哲学大会。在会上，我有幸遇见了著名哲学家塞尔。在遇见塞尔之前，我就读过他的一些著作和文章。塞尔是研究心灵哲学和认知科学哲学的大家。这正好与我倡导的认知哲学研究非常契合。记得我当时就和他谈过，说我想研究Philosophy of cognition（认知哲学），并向他征求意见。他说这个非常好，称这个方向具有交叉性，它把认知科学、人工智能、脑科学和认知神经科学都结合起来了，所以是非常有前景的！

在得到了著名哲学家塞尔的肯定以后，我信心百倍。2009年，在山西大学哲学社会学学院成立了认知哲学与分析哲学研究中心，2018年更名为认知哲学研究所，专门集中精力研究认知哲学。认知哲学是当时哲学一级学科下设的四大方向之一。

2014年，我们成功举办了首届认知哲学国际学术研讨会。为什么叫首届呢？我非常慎重，当时在百度、谷歌上查阅了相关资料，按照Philosophy of cognition来查，没有找到这个名称，在谷歌上查到是Cognitive philosophy（认知的哲学），这与我主张的概念是有区别的。所以，我可以确定，"认知哲学"这个概念是我首先提出来的。

此次国际会议，不仅有国内的10多位专家学者与会，还邀请到了国外的10位专家学者，其中文森特·穆勒是著名的人工智能哲学和认知科学哲学家。和他见面后，我向他请教，在国外，特别在英美国家，是否有Philosophy of cognition这个提法，记得他说，肯定没有，这个名称他是在我给他的邀请函上首次看到的，也是第一次听我说的。此次会议在《自然辩证法研究》《哲学动态》《科学技术哲学研究》上进行了报道，在国内外产生了较大的影响。

这些年，我撰写出版了一系列书籍，其中专著《科学表征：从结构解析到语境建构》入选2017年《国家哲学社会科学文库》。这是目前山西省哲学专业仅有的两部之一。文库作为"双一流"专著质量的一个检验标准，受到了国内学界的高度重视。

2021年，我获批了国家社科基金重大项目"人工认知对自然认知挑战的哲学研究"。关于这个项目的取得，其实是我20多年研究积累的一个结果。从2012年到2021年，我围绕着科学认知、心理表征、科学表征、适应性表征和人工智能的适应性表征，再到人工认知挑战自然认知的研究。10年期间，我取得了4个国家项目，其中两个是重点，一个是重大。

回顾我的学术经历，从科学史到科学哲学，再到认知哲学共经历了近30年。我记得，在我的博士论文中，就有一章是专门探讨认知语境的。2003年，中山大学召开了第一次哲学与认知科学大会，当时我提交了一篇论文《科学哲学的第四次战略性转移——认知转向》。所以，从那个时候起，我就开始关注、研究与认知相关的哲学问题。直到今天，关于人工认知与自然认知的研究，特别是其中的"自然认知"这个概念，我查了国内的权威词典，也查了《MIT认知科学百科全书》，没有找到这个词条。

经过长期的研究积累，目前形成了认知哲学的教学、科研和人才培养体系。可以说，这是一个从理科（我大学的专业是化学）到科学技术哲学这样一个交叉发展的过程。目前，在这个方向或领域，我们培养了50多名硕士生和15名博士生，初步形成了认知哲学的学科和话语体系。

回头想想，可以说，我的经历见证了山西大学哲学学科的崛起。从1998年的科学技术哲学博士点，到2000年的教育部人文社科重点研究基地；2002年的科学技术哲学重点学科，到2006年的哲学一级学科博士点；2020年的国家一流本科专业，再到2022年入选"双一流"，这是几代山大哲学人共同努力的结果！何其有幸，我经历了，参与了，也见证了这样一个崛起！

工作实践：实干出真知

总结我的人生经历和工作实践，我得出一个结论：实干出真知！

热爱教育事业是我从小就笃定的目标。在教学中，我倡导的是在研究中学习，要把自己的科研成果融入教学当中，让学生能思、能辨、能观、能写，也就是要教研一体。所以，我认为，大学之道在于创新，在于创造新知识，在于培养栋梁之材。

所以，老师的任务在于引导。教师不只是教会学生，而是要培养学生的兴趣，激发学生的创造热情；不只是传授知识，更是塑造心智、提升能力。我曾当过几年班主任（也是任课老师），带的是1992级和1993级的本科生。这里边有几位令我非常自豪的学生：清华大学哲学系刘奋荣教授（教育部长江学者），吕梁学院党委书记殷杰教授（曾任山西大学党委常委、副校长，教育部人文社会科学一等奖获得者），还有1992级的管晓刚、师文兵、刘俊香，1993级的解丽霞（华南理工大学马克思主义学院院长）、姚晓娜，等等，现在都是博士生导师、学科带头人或领军人才。所以，在我看来，哲学能使人学以成人、敏锐智慧。有人说，哲学无大用，但我认为，无用即大用，有了哲学智慧，干什么都行！

在管理方面，我曾做过几年院长，奉行管理即服务理念，一切都以教师和学生为中心，紧紧围绕着教学和研究展开，做大做强哲学学科。在我任职期间，哲学学科总体发展上略有上升，比如第三轮学科评估中，哲学得了76分，全校最高。

人生总结：一生干好一件事

最后，我用5句话来结束我的演讲：

一个职业信条——为人师表；

两个行为准则——实干、创新；

三个工作深度——深度思考、深度研究、深度工作；

四个授业标准——难度、深度、高度、广度；

五个人生笃定——笃学、笃实、笃守、笃诚、笃志。

庆祝山西大学建校120周年！

我的演讲到此结束，谢谢大家！

史秀菊

笃学不倦，甘为人梯

演讲者简介

史秀菊，女，1962年生，山西大学文学院二级教授，博士生导师。专业研究方向为汉语方言学。现为中国语言学会、全国方言学会会员，山西语言学会副会长、常务理事。

教学方面，2018年入选"1331工程"立德树人"好老师"课程建设，同年入选山西省三晋英才支持计划拔尖骨干人才；2019年负责的现代汉语课程获批省级一流本科课程；2020年负责并主讲的"现代汉语语法研究"获批国家级一流本科课程（线下）。2020年获宝钢优秀教师奖。从教以来多次获省级、校级教学名师、优秀教师、师德楷模、教学能手、十佳教学标兵等荣誉称号。

科研方面，主持国家社科基金项目3项、国家社科基金重大项目子课题1项、教育部人文社科项目1项、语委项目3项、省级重点项目1项，出版学术专著6部、教材2部，在重要学术期刊和国际学术会议论文集上发表论文60余篇。代表性著作有：《河津方言研究》《盂县方言研究》《交城方言研究》《兴县方言研究》等；论文有：《"一头拾来"的"拾"本字为"射"考》《山西平遥方言复句关联标记'门'的演变——从后置到前置》《山西方言人称代词的表现形式》等。

老师们，同学们：

大家好！

我叫史秀菊，是山西大学文学院的老师。1980年，我考入山西大学中文系，至今已有40多个年头了。40多年来，是山西大学把一个青涩的农村姑娘培养成了一位大学教授，是我的老师们一步步引导我走上了语言研究的道路。今天我想从三个方面，也就是求学、科研、教学，讲一讲我与山西大学的不解之缘以及我的成长历程。

求学：徜徉书海，如饥似渴

受父亲的影响，我从小酷爱读书，但由于出生于农村，又成长于"文革"期间，能读到的好书非常少。所以，在填报高考志愿时，我毫不犹豫地报考了图书馆专业，当时一个朴素的愿望就是：图书馆书多，够我读一辈子的。但由于当时"文革"刚刚结束，很多农村中学很难聘到外语老师，我在中学几乎没有学过外语，高考也就几乎没有外语成绩。所以图书馆专业没有录取我，我成了一名中文系的学生。

进入大学，眼前展现出来的一切都让我感到新奇，儒雅博学的老师在我眼前打开了一扇又一扇的学术之窗，令我目不暇接。靳极苍老师的激情澎湃，阎凤梧老师的清新婉约，孟唯智老师的干练睿智，田希诚老师的慈祥严谨……每位老师都有自己的教学风格，也都有自己的研究领域，这些研究领域都令我神往。但最令我神往的还是图书馆，我如饥似渴地一头扎进图书馆，漫无目的地吮吸着精神食粮。从鲁迅杂文到世界名著，从小说、诗歌、散文到学术论著，从文学到历史，从历史到哲学，从中国到世界……几乎每一天我都在享受着精神世界的饕餮盛宴。

大三时一次偶然的机会，跟着老乡听了她所学的教育学专业的一堂课，我被深深地吸引了。随后，我跟着教育系80级、81级、82级学生，听了心理卫生、教育学、心理学、儿童心理学等课程，也在老师们的推荐下阅读了一些相关的书籍。随后，我又分别到哲学系和历史系，听了相关的哲学和历史方面的课程，在老师的推荐下系统阅读了任继愈的《中国哲学史》和范文澜的《中国通史》等。广泛的涉猎使我的眼界大为开阔。

值得一提的是，虽然当时我对语言学专业并没有产生浓厚的兴趣，但庆幸的是，所有的语言学选修课我都选了。尤其是孟唯智老师和田希诚老师的课，我学得最认真。两位老师在课堂上也很喜欢叫我回答问题，尤其是田希诚老师，在讲国际音标的时候，几乎每一次都要叫我站起来发音。可以说，田希诚老师是引领我走上方言研究的启蒙老师和领路人。

大三第二学期就要开始准备写毕业论文了。当时，田希诚老师特别希望我写方言方面的论文，并且为我列出了一个详细的方言形容词生动形式的写作提纲。但因为我从小受父亲影响，特别喜欢司马迁和《史记》，尤其是听了刘毓庆老师的课后，更是对司马迁的精神世界产生了强烈的探寻欲望。所以，我还是放弃了方言论文的写作，着手查阅司马迁与《史记》的相关资料。当时山西大学图书馆南馆的资料之全，令我感叹，只要索引上有，南馆就有，哪怕是20世纪20年代的一张报纸。我徜徉在南馆的书海中，一边查阅一边做笔记，不知不觉中，当时的"红旗本"被我写完了15本，论文的写作思路逐渐清晰。我当时的论文题目是《从〈史记〉看司马迁的哲学观》，这篇论文的顺利完成也得益于我学到的哲学和历史知识。最终，这篇论文获得了优秀的成绩，并得到了刘毓庆等很多中文系老师的肯定和赞扬。

今天来看这篇论文，从行文到观点再到结构都很幼稚，但毕竟这是我人生中的第一次，是它让我尝到了学术研究的艰辛与快乐。当在稿纸上画上最后一个句号的时候，那种幸福感和成就感，我至今无法忘怀。至此，人生目标逐渐明确——我太喜欢大学的课堂了，也太喜欢大学的图书馆了，我要当一名大学老师，像我的老师们一样，在课堂上传道授业，在学术领域辛勤耕耘，把这种幸福感一直保持下去！尽管在大学初期，我并没有明确的奋斗目标，也没有清晰的人生规划，但本着自己的兴趣，博览群书而"不求甚解"，我的知识面越来越广博，思路也越来越开阔，这为我今后的职业生涯奠定了坚实的基础。

科研：恩师引导，坚定方向

大四时面临毕业分配，由于我4年来的成绩较为突出，被评为优秀毕业生。当时的优秀毕业生，享有挑选工作单位的特权。那时炙手可热的工作有很多，但时任系主任的孟唯智老师找到我，他说因多名老师推荐，系里想让我留校，但中文系又没有名额，所以希望我先到外事办教外国留学生。我毫不犹豫就答应了，因为这与我的志向不谋而合，我太喜欢大学教师这一职业了，而且我也太舍不得离开山西大学了！

但由于各种原因，我最终没有留校，而是被分配去了山西省教育学院。当站在那个一眼能望见四面围墙的"小"学校，看着图书馆少得可怜的图书，说没有失落是不可能的。而且我被分配教现代汉语课，不得不放弃自己喜欢的先秦两汉文学和司马迁。因此，刚参加工作那段时间，心情很沉闷也很迷茫。孟唯智老师和田希诚老师得知后，纷纷鼓励我，说我很适合做语言研究，希望我能沿着现代汉语这条路一直走下去。在两位老师的引导下，我逐步向现代汉语和方言学靠拢，80年代我就独立主编了山西方言与普通话对应规律的教材。到了20世纪90年代初，我参加了山西省高校联合出版社的课题，独立完成了忻州西八县方言与普通话对应规律教材的编写，可惜的是，后来这个出版社被撤销，我的书稿也不翼而飞了。

由于原单位学术氛围不强，教学任务尤其是函授教学任务非常繁重，加之成家后的家庭负担也很重，我一度沉沦，只满足于完成教学任务，科研也是东一榔头西一斧子，为评职称而写论文，甚至到最后有了放弃学术研究的念头。田希诚老师看在眼里，急在心上，2000年暑假的一天，他不顾自己当时已经70多岁的高龄，坐上公交车，爬上6层楼，找到我家。一位不善言辞、慈祥和蔼的老师，用了两个多小时，苦口婆心劝我振作，并鼓励我沿着方言研究的方向走下去。望着老师充满期待的眼神，我流泪了，暗暗发誓，我已经蹉跎了十几年，消沉了十几年，我必须奋起直追，必须对得起培养我的母校，对得起一直对我寄予厚望的恩师！

2001年，我进入北京大学访学，这是我学术道路上的一个里程碑。当时的我已经快要进入不惑之年，但这才是我学术生涯真正的开始。我重新找到了大学时代的激情与斗志，抓紧一切可以利用的时间，教室、图书馆、宿舍，每天三点一线，似乎不知疲倦，一年时间内，我听了十几门专业课，读了几十本专业书籍。在王福堂老师的指导下，我写了3篇较高质量的学术论文，分别发表在《中国语文》《方言》和《语文研究》这三种国家级学术杂志上。

从北京大学访学开始，我不再迷茫，专业方向也不再摇摆不定。从北大访学回来后，我一头扎进乡村，进行田野调查，耗时两年半，写出了我的第一部方言学著作《河津方言研究》，从此，我一边教学，一边做科研。我主持完成了2项国家社科基金项目、1项国家社科基金重大项目子课题、4项教育部项目、5项省级/横向课题等，发表了50余篇学术论文，出版了6部学术专著和2部教材，学术观点也得到多数同行的认可和肯定。

我的科研之路坎坎坷坷、断断续续，之所以现在小有成就，离不开山西大学给我的深厚积淀，更离不开我敬爱的老师们的帮助、引导与鼓励。

教学：潜心改革，教学相长

2005年，大学毕业整整20年之后，我又重新回到了母校。但遗憾的是，我敬爱的老师们一个个逐渐离我而去，悲痛之余，我清醒地意识到，我现在扮演的正是他们当年扮演的角色，我有责任，也有义务，担负起他们曾经所担负的责任。我用心备好每一节课，耐心回答每一位学生的问题，哪怕这些问题与专业无关，甚至包括就业问题、考研去向问题、家庭问题、情感问题等，尤其是那些处于迷茫阶段的学生，我经常现身说法鼓励他们调整心态，自信自强。我从不用严厉的语气骂学生，因为我的老师从来没有这样对待过我，我也相信柔声细语永远比疾言厉色更容易让人接受。久而久之，学生们喜欢我，信任我，我也在与他们的交往中收获了无与伦比的快乐。

但作为一名专业课老师，我非常清楚，用心讲好每一节课才真正配得上孩子们的信任与爱戴。学生们普遍感觉语言学课程枯燥、抽象，我就尽量用深入浅出、形象生动的比喻诠释枯燥的理论和抽象的概念，比如，我让那些分辨不出声调的学生，用敲钟的声音、用马三立的单口相声中的趣例，分别对应调值和调类；学生理解不了抽象的时体概念，我就用学生口中鲜活的方言实例来阐释时体问题……语言学课程是枯燥且抽象的，但我的课堂上经常充满了欢声笑语，学生在笑声中轻松地明白了抽象的概念，理解了枯燥的理论，也越来越爱上语言学课。因此，我主讲的课程在学生的评教中，总是名列前茅。

但这样的教学也仅仅满足于让学生学得轻松快乐，教学还停留在对教材内容的诠释上，并不是真正的教学改革。我真正的教学改革发端于10多年前考上研究生的学生的反馈。不少考上名校研究生的学生，一开始激动、兴奋，发誓要大展宏图，但真正进入研究生阶段的学习以后，却又感到迷茫自卑。因为我们的学生在本科阶段缺乏科研训练，创新意识和创新能力远远比不上那些名校的学生。那么，发现了问题就要进行改革。但教学改革并不应该是单纯为了进一步深造的学子，改革的目的应该是为了全面提升所有学生分析问题、解决问题的能力，激发学生的学习兴趣和创新意识，为学生今后从事语言文字工作打好坚实的基础。

经过多轮教改实践，我逐步确立了"立体教学模式"。所谓立体教学模式，包括教学内容的立体和教学方法或者教学手段的立体两个方面。教学方法或手段的立体，包括了多维交叉，也就是线上与线下、课内与课外、校内与校外、理论学习与田野实践、知识识记与创新研究、师生互动、生生互动等方面的相辅相成。教学内容的立体，也就是时空的立体，"时"的立体是指历时与共时相结合，"空"的立体是指不同地域的语言、方言相结合。

我的教改思路的依据是：人类思维有共性，所以世界语言也就有普遍规律。因此，站在人类语言普遍规律之上审视现代汉语，了解现代汉语在人类语言中的宏观定位，能更容易看清现代汉语的本质特征，也就更容易增强我们的民族自信和文化自信，提升汉语在世界语言理论方面的话语权。比如，语言类型学家经过近千种语言的调查，发现人类语言的一个普遍规律之一就是结构助词多来源于指示代词。那么我们现代汉语的"的"是否也来自指示代词呢？带着这个问题，我们引导学生查阅相关的文献，发现不少古代汉语学者和近代汉语学者认为"的"来自上古的"之"。这个"之"，到近代演变为"底"，所以这些学者认为，现代汉语的"的"应该来自指示代词。但同时学界还有很多学者有着不同的声音，他们认为近代的这个"底"与上古的那个"之"是词汇替换关系而不是演变关系。这两种完全相反的观点都是从古代汉语、近代汉语的文献语料出发得出的结论，至今没有定论。两种观点至今都仍然存在，是因为通过普通话和历史文献已经无法彻底解决这个问题。但我们知道，方言是汉语的活化石，各地方言演变的速度也有快有慢，我们可以通过方言，尝试探寻结构助词语法化的踪迹。带着这个问题，我们引导学生做田野调查。通过田野调查，学生们发现大量的汉语方言中，存在着结构助词与指示代词的语法共性。就拿我们山西方言来说，比如晋南的结构助词读"奈"，普通话说"我的书"，晋南人说"我奈书"。经过我们的考证，确定了晋南的"奈"，是"那"和一个量词的合音形式。再比如整个晋城市，包括其下辖的6个县区，至今没有结构助词。他们的结构助词都是用指示代词来代替，比如说"我的手、你的腿"，说成"我dia手，你nia腿"。"dia"和"nia"完全就是他们的指示代词"这，那"。也就是说，不管读什么读音，他们的结构助词和指示代词完全同形同音。经过大量的方言考察，我们得出结论：汉语指示代词与结构助词，在我们现在的共时平面，仍能够证明它们存在语法共性，结构助词应该来源于指示代词，这方面，汉语与世界语言普遍规律是一致的，当然我们也有自己的个性特点。

采用"立体教学法"，我们把学生带入了一个研究性的学习情境中，这样大大提升了学生的学习兴趣，学生的创新能力逐步增强，科研兴趣也不断提升，很多学生因此走上了语言研究的道路。

但是，这种改革，却是对教师的一个极大挑战。

首先，作为教师，要不断开阔自己的理论视野，能够把现代汉语、古代汉语、近代汉语以及世界语言的普遍规律结合起来。这就要求教师必须不断学习，时刻站在学术前沿，努力适应教学改革的要求。其次，教学改革以后，教师的工作量会大大增加，课内与课外，线上与线下，理论与实践，都要求教师亲临指导，并且引导学生来做。每一讲都有大量的作业包括小论文需要老师批改。在田野调查中，很多学生不会记音，老师要帮助他们记音、审音。在这种情况下，教师的课外工作量翻了好几倍，这无疑压缩了教师做科研的时间，尤其是2020年之前，我的年均课时量一般都超过300课时。在繁重的教学工作量之下，我会不会又重新沦为一个只有教学没有科研的教书匠呢？显而易见，这是对我是否"甘为人梯"的一个严峻考验。

不过，令我惊喜的是，从教改开始后，我的科研成果并未明显下降，因为大量的学生田野调查语料和学生虽幼稚但不失创见的观点，经常给我灵感，引发我思考，从而促进了我的科研，所以，我的教学改革真正实现了教学相长。

经过多轮教改实践，我的教改思路趋于成熟，教改成果也获得了广泛认可，2014年，我获得了山西省"教学名师"荣誉称号，同年又受山西大学表彰为优秀教师，2019年获得了山西大学"十佳教学标兵"、省级"师德楷模"等荣誉称号。教改成果也获得省级优秀教改成果一等奖，我所负责的现代汉语课也被认定为省级一流本科课程。

到2020年，我负责并主讲的现代汉语语法研究获首批国家级一流本科课程（线下），同年获宝钢优秀教师奖。

而今，名利得失对于我来说已经是过眼云烟。我好像又回到了大学时代那种心境，一切跟着兴趣走。但我现在最大的兴趣就是"甘为人梯"，像我的老师们一样，希望在自己的有生之年，能为国家、为山大培养更多的有用之才。

回首往事，感慨万千，我与山西大学有着不解之缘。我从山大的80周年校庆走到了120年校庆，一路走来，亲眼见证了山大和山大人自强不息的奋斗精神。

感恩所有帮助过我的老师！感谢所有喜欢我，信任我的领导、同事和学生！我是山大一辈又一辈甘为人梯的教师中的一份子。

感恩山大，祝福山大，山大正在腾飞，120周年之后的山大会更加前程似锦，我为自己是山大人而自豪！

谢谢大家！

李岩峰

百廿山大　音乐人生

演讲者简介

李岩峰，男，1975年9月出生，中共党员，文学硕士。山西省"四个一批"人才，公派意大利米兰威尔第音乐学院访问学者。1998年8月留校任教，现任山西大学音乐学院党委委员、副院长、教授。中国音乐家协会会员，山西省音乐家协会理事，中国欧美同学会海归艺术家委员会筹委会成员，美国中西部大学客座教授、博士生导师，纽约歌剧学会国际音乐教育委员会副主席，国际合唱联盟会员，上海大学音乐学院特聘教授，中国青年歌唱家学术委员会常委，山西省流行音乐协会荣誉主席，山西省音乐剧协会名誉会长，山西省合唱协会副会长，山西省原创音乐促进会副会长，山西省青年联合会常委、文化艺术界别副主任。获得多项国际国家大奖，在国内外举办过多场音乐会，曾在

意大利主演歌剧《女人心》《唐璜》等，赴美国、捷克、希腊、澳大利亚等10余国访问演出。在南大、北大核心期刊发表多篇高水平论文，完成专著两部，主持省部级以上课题8项。多次担任国内、国际专业比赛评委，近30年在省委宣传部、山西电视台和太原电视台等主办的大型演出中担任主要演员。

尊敬的各位领导、老师、亲爱的各位校友、同学们：

大家好！

1992年，还在上高二的我第一次踏入山西大学跟随音乐系赵健老师学习声乐，到今天已走过了30年。在这里我经历了考学、读书、工作，从一名学生成长为老师。在这里娶妻生子，与山西大学朝夕相伴，山西大学就是我的家，是我生命中最重要的一部分。今天，非常荣幸给大家讲讲，我与母校的故事。

弃武从文，体育生不畏艰难考入音乐学院

我从小出生在太原，在太原长大。自幼热爱音乐，尤其是声乐。虽然家中没有从事音乐专业的亲人，但是我的父亲母亲酷爱音乐和戏曲。受此影响，从幼儿园时期我就担任领唱与指挥，还在太原市少年宫拿过全市比赛的二等奖。但是，我在上小学时加入了田径队，中学更是考入体育班。我参加过太原市的中学生运动会，获得过三级跳远第5名、太原市七项全能第2名的成绩。

其实，我就是一名准专业的体育生。后来一次偶然的机会，一位和我们家是世交的姐姐在串门时跟我聊起来："你唱歌挺有天赋的，我给你介绍个老师，要不考考山西大学吧？"我这才知道唱歌还可以考大学，这样也坚定了我喜欢音乐、喜欢声乐的初心。

山西大学有许许多多学术界的精英，他们都是我学习的榜样。很多老师给予了我巨大的帮助，就比如我的启蒙老师——赵健老师。他为我的专业打下了坚实的基础。赵老师多年前已经调入了广州星海音乐学院，现任流行音乐学院院长。我跟着赵老师

经过近两年的系统学习，在1994年考入了山西大学音乐系。上学期间，1996年我们升格为音乐学院，是全校第一批升格的5个学院之一。在这里，我知道了学院有许许多多在国内外享有盛誉的音乐大师，比如我国最顶尖的音乐家、译配大师邓映易先生，还有与我国声乐宗师沈湘先生一样享有盛誉的孟亨全教授等。

邓映易先生一生翻译了几百首经典歌曲，有我们耳熟能详的《欢乐颂》《友谊地久天长》《铃儿响叮当》等，这些作品直到今天也一直在传唱；还有我们专业领域经常演唱的作品，比如舒伯特的声乐套曲《美丽的磨坊姑娘》《冬之旅》《天鹅之歌》等，多达200余首。

一直以来我对很多事情都抱有兴趣。进入大学先学习通俗唱法，同时还专门研究美声唱法。在本科阶段还不安心学习声乐，一度想涉猎作曲，想转到作曲专业。因为作曲专业是我们音乐专业的一个天花板级的专业。转专业要多上一年学，另外当时的作曲专业是5年学制，时间有点过长，所以最后并没有转为作曲专业。但之后我旁听了所有作曲专业的课程，还熟悉了各种乐器以及乐器法，同时也学了很多乐器演奏的方法。

当时我有着较好的身体素质，在演唱方面能力比较强，同时兼具各种唱法的演唱能力。我学习了美声唱法、民族唱法、通俗唱法。在1998年的时候，赵健老师因为工作需要调到了广州星海音乐学院。当时我们的时任校长彭堃墀院士跟我说："你一定要留下，通俗唱法这个专业一定要保留下来。"所以我在1998年留校工作，成为山西大学的一名青年教师，也就是在这一年，我们的音乐学硕士点获批，1999年开始正式招生。

坚持梦想，教书育人

我留校任教之后，自豪兴奋的同时也倍感"压力山大"。作为一个学生、一个青年歌者我是比较有自信的，因为我在1998年就获得了第八届全国青年歌手电视大奖赛山西赛区专业组通俗唱法一等奖，当然，在后来的三届当中我都获得了一等奖。但是，当我走到琴房给学生上第一堂课时，我真的感觉有点蒙。因为第一年1998级给我分配来一位从中专艺校考上来的女中音，和我同龄，学习声乐的时间比我还长。我们在上课的时候是互相商量着完成的，有时候一堂课下来嗓子都哑了，当一个好老师真的是不容易。

为了迅速成长为一名合格的声乐教师，我又拜访了许多老师。在1999年赴广州星海音乐学院继续进修学习，既是提升自我的专业水平，更是要对学生负责。

为了不断提升自我，我一直参加各种专业比赛。首先是青歌赛，这是当年声乐界的状元赛。1998年第一次获得一等奖，实际上我是从1996年开始参加青歌赛的，当时获得的是二等奖。从1998年开始连续四届都获得了一等奖。第一次获一等奖是争第一，心里没有那么大的负担。因为每两年一届，在之后的6年时间，我们都知道保第一要比争第一压力大很多。每一届都会有新人源源不断地成长起来，这就要求我必须不断地推陈出新，用我一个人的嗓子去竞争一堆人的嗓子，比赛时也不能出现任何失误。

2002年，我在第五届上海亚洲音乐节荣获优秀歌手奖，2004年，由我担任领队和领唱参加第七届中国国际合唱节获得了金奖，这也是我们迄今为止获得的合唱最高奖。

　　2008年3月，我应邀参加了第十届日本大阪国际声乐比赛，身在异乡又是头一次迈出国门，面对各种条件的不成熟、环境的不适应，比赛的难度可想而知。最关键的是这样的一个比赛，身上肩负的绝不是个人的成绩，而是国家荣誉。我当时只有一个念头，就是为国争光。最终获得了成人组的第四名，是6位获奖选手中唯一的中国人，也是我们山西本土培养的第一位在国际声乐大赛中获奖的选手，具有里程碑式的意义。当时山西新闻、黄河新闻、太原新闻及电台报纸等主流媒体都做了相关报道。2008年3月29日，省委宣传部专门召开了山西声乐艺术发展暨李岩峰获奖座谈会。同年6月13日，由山西省音乐家协会和山西大学音乐学院联合主办的李岩峰独唱音乐会在太原成功举办，获得了省内外专业人士的一致好评。也是在此期间，学院获批了MFA艺术专业硕士点，2009年开始招生。

　　在这期间我曾经有过两次思想波动，第一次是差点离开山西大学去意大利成为一名专业的歌唱家。

对于一位美声唱法的歌者，得奖只是音乐事业的起步，而能够驰骋于歌剧舞台上才算是有成就。我在2011年3月至9月公派到意大利米兰威尔第音乐学院做访问学者，一直到2019年，作为在意大利被承认的中国歌唱家之一，连续9年受到意大利歌剧大师、米兰威尔第音乐学院声乐系主任教授维托里奥·台拉罗瓦和丹妮拉·乌切洛的邀请，赴意大利参加了多场歌剧演出，是目前山西唯一在意大利主演歌剧的本土歌唱家。其中，2013年7月在圣马力诺排演莫扎特歌剧《女人心》饰演男高音费兰多；2014年在圣马力诺排演歌剧《唐·璜》饰演男主角唐·奥塔维欧；在意大利的里米尼、布雷西亚、加尔达湖和国中国圣马力诺举办过多场个人音乐会。

当时有好几个意大利的知名经纪人包括我的老师在内都希望我能留在意大利专门从事歌剧表演，当然也有价格不菲的演出合同向我抛出橄榄枝。说不心动是假的，拿到合同就会有很多演出，多演出就会出名，出了名就有可能成为世界级的歌唱家。这肯定是作为美声学习者的一个终极梦想。然而，留在意大利就意味着要远离故乡、远离我的家、远离我的山西大学，我也陷入了痛苦和矛盾的迷茫中。

有一天，我在米兰的一家餐馆点了一份意大利面，这个意面跟我们学校二灶的一家西红柿面味道特别像，顿时让我想起了在山大的点点滴滴，最终我放弃了邀约跟合同回到故乡。有时候也觉得自己挺没出息的，老说山西人恋家，但是我真的割舍不下我的亲人、我的山大、我的家。

还有一次思想上的变化是差一点下海经商。受周围环境的影响，我在广州进修期间身边的同学还有很多朋友都是身家千万以上，那个时候我记得我的工资一个月才几百块钱，他们财大气粗的样子对当时年轻的我造成很大冲击。我也想给家人更好的生活，让孩子能有更好的教育，有一天真的想到了辞职下海，可是现在想起来真的是很幼稚很可笑。我也曾经试着过了一段时间这样的生活，一开始特别刺激和兴奋，但是一段时间之后我发现这不是我想要的生活，而现在的生活才是我想要的。能在山西大学工作生活是何等的幸运、何等的荣耀、何等的令人羡慕。在社会上赚钱方式有很多种，机会也有很多，但山西大学只有一个，我们永远不能只为钱而活，我们永远不能忘记自己的梦想、自己的使命。

这么多年来，我时刻不忘山西大学对我的培养帮助。2002年，我被破格晋升为讲师；2006年破格晋升为副教授，是当时全省艺术学科最年轻的副教授；2019年，因为博士还未毕业没有办法正常晋升为教授，学校又为我开了一条路，叫特殊人才破格。知遇之恩无以为报，只有把我全部的精力和热情都投入工作当中，为母校的发展尽自己的绵薄之力。

欣逢百年校庆，奉献再立新功

记得刚来山西大学求学的1992年，母校刚刚举办完90周年的校庆，当初是在山西电视台的大演播厅举办的。2001年9月，我从星海学习两年后回到学校工作，首先安排给我的任务就是准备迎接百年校庆。

为了宣传山西大学百年校庆，我受学校委派组织了一个师生演出团——同心艺术团，赴山西11个市演出。有一次从太原到朔州，为了保证演出按期举办，我们冒着大雪在国道上赶路。雪天路滑，我一路上担心安全问题，时刻注意着路上的情况，可是怕什么来什么，车队走到忻州段，突然看到拉灯光音响的大卡车左右打滑，而右边就是非常深的悬崖，一车人都尖叫起来。幸好司机师傅控制住了车辆，否则后果不堪设想，现在想想都后怕。当时有人说："要不后边的别演了，可不能因为演出把命搭上。"当然，话虽这么说，演出却一场没落下，还取得了非常好的反响。记得在忻州的那场演出，我发高烧到39度，直到上场前还在输液。当时我就在舞台的边幕候着，轮到我的时候拔了针头就上场。输液的医生说："哎呀！第一次见这么拼的。"其实我倒觉得没什么，就是那个时候年轻，胆儿比较大、骨头比较硬。这一幕被我们当时的副校长李悦娥教授看到了，大加赞誉。

2002年，我被学校安排进了百年校庆策划组，开始了没日没夜地排练、录音等前期工作。当时就一个目标，要不惜一切代价把演出办好。我还有一个任务是辅助接待外请演员，一位是当时非常火的歌唱家阎维文老师，另一位是刚刚获得大奖正大红大紫的歌手，我们的校友谭晶。阎维文老师是军人出身，坐有坐相站有站相，生活中温和淳朴一点架子都没有，真的是我们山西人的骄傲。多年来他作为著名的歌唱家，没有负面影响，没有负面新闻，他与夫人的感情故事已经成为一段佳话。谭晶也是刚刚获了奖，她的身影出现在各大晚会的舞台上。我们俩还是同一年考的大学，算是半个同学。作为同龄人也好，同学也好，她当时一点架子都没有，为人非常热心，在我去北京比赛时还帮我联系参赛的作品。我想，两位大咖在档期这么满的情况下回到我们山西大学演出，一分钱报酬不要。他们如此支持母校，如此真挚地对待我们每一个校友，除了自身的优秀品质外，更多的就是那份浓浓的山大情。

　　山大百年校庆的一系列欢庆活动给我们留下了美好的回忆，也为我们积累了宝贵的演出经验。后来我担任了学校艺术活动中心副主任，多次组织策划并参演学校大型文艺晚会和专场音乐会。比如2005年庆祝山西大学成为省部共建大学庆典晚会，2012年庆祝建校110周年文艺演出，2016年纪念红军长征胜利80周年"信仰的力量"及庆祝2017年建校115周年大型演出等。从2009年以来，我曾代表国家、山西省和我校多次出国访问演出，去过亚美尼亚孔子学

院、老挝、柬埔寨、希腊、捷克等；2012年，我跟随时任省委书记袁纯清赴斯里兰卡参加交流活动；2017年，代表山西省参加澳大利亚黄金海岸达沃斯论坛的专场音乐会；2018年，赴吉尔吉斯斯坦和塔吉克斯坦的孔子学院演出等。

　　我在音乐学院学习工作的这30年历经了5任院长；经历了从小楼搬到现在非常漂亮的艺术楼；经历了学院由单一的本科教育到本硕博一体化的教育发展，尤其是2020年一级博士点的获批完成了我们几代学院人的梦想，同年还拿到了教育部中华优秀传统文化传承基地。

　　作为音乐学院自己培养的教师，我一分一秒都不敢懈怠。所教授的学生多人多次

在国家级、省部级专业比赛中获奖，是音乐学院教授学生获奖最多的教师之一。多年来，除了完成各种公务演出外，我一直坚持在教学一线，超负荷承担着繁重的教学任务。平均周课时在20节以上，为音乐学院课时量最多的教师之一。2004年以来，多次担任国际声乐比赛、中国金钟奖、全国青年歌手电视大奖赛山西赛区评委，以及山西广播电视台、山西省音乐家协会等举办的专业声乐大赛的评委，并且多次在省委宣传部和山西电视台等主办的大型演出中担任主要独唱演员。比如省委宣传部主办的2016年山西省纪念红军长征胜利80周年及庆祝建党95周年的文艺晚会，2019年山西省庆祝中华人民共和国成立70周年文艺晚会，2021年山西省庆祝中国共产党成立100周年，山西电视台春节联欢晚会等。

　　我还主导策划了"山大好声音"这一我校品牌校园文化活动，在各大高校及社会上引起了良好的反响和广泛关注。参加工作以来，我曾在南大、北大核心期刊发表多篇专业学术论文，独立完成专著一部，与他人合著一部，主持或参与国家级、省部级课题多项，多次获得省级、校级优秀共产党员、"三育人标兵"、文明教师等荣誉称号。

　　2020年，我牵头推出了山西第一首抗疫歌曲《同你在一起》，并由山西卫视推出MV在山西电视台各频道滚动播出。2021年的12月应中宣部要求，我负责牵头协调演员，为了保证录制效果，在零下10多度的室外穿着单衣录制歌曲《领航》，这首歌曲在中央电视台新闻联播早间新闻中多次播出。

　　2022年6月份，我院音乐表演专业获批国家一流专业，也称"双万计划"。我本人既是分管领导，要负责申报工作，又是专业负责人。这也是对母校120岁华诞送上的一份生日礼物。

　　往事如歌，未来如诗，三十年风雨浸润流岚岁月。我的每一次成功都离不开山西大学师长校友的无私帮助，我的每一次成长都离不开山西大学深厚底蕴的滋养，是山西大学这片沃土孕育了我的音乐人生。适逢山西大学建校120周年之际，祝愿我的母校在双一流征程中谱写新的辉煌，祝山西大学明天更美好！

李剑锋

如何培养创新性思维的一点体会

演讲者简介

李剑锋，二级教授、博士生导师，国家重点研发计划项目首席科学家，曾在新加坡南洋理工大学学习工作近8年，现任山西大学环境与资源学院副院长，兼任山西省黄河实验室副主任，中国环境科学学会水处理与回用专业委员会委员，入选山西省"青年拔尖人才支持计划"。

长期从事废水深度处理与回用、抗污染膜材料及节能膜浓缩等方面的科技研究和工程实践。在新加坡学习工作期间，先后主持或参与了新加坡自然科学基金重点项目、新加坡总理基金等多个重大项目，完成新加坡废水再生利用示范工程1项。回国任职期间，教学方面曾获全国高校教师教学创新大赛山西赛区和山西大学教学创新大赛等奖励，科研方面先后主持和承担国家重点研发

计划、国家自然科学基金、山西煤基科技攻关重点项目、山西省揭榜招标重大项目等10余项，在Wat. Res.和Chem. Eng. J.等国际权威性期刊上发表论文60余篇，申请国家专利20余项，在工业废水处理回用、絮凝和抗污染膜材料研发等方面取得了创新性成果，应用于焦化、钢铁冶金等行业的高效节水和非常规水源开发利用，获山西省科技进步一等奖和二等奖各1项，2019年，团队荣获"山西青年五四奖状"。

老师、同学们：

大家好！

我叫李剑锋，来自山西大学资源与环境工程研究所。非常高兴能够来到令德讲堂，和大家一起探讨一个非常重要的话题：如何培养创新性的思维。

中国发展到现阶段，我们为什么要大力地推进科技创新，为什么要培养创新性的思维呢？要回答这个问题，我们首先来看华为手机的例子，这也是大家特别关心的一个例子。2015年到2021年五大手机生产厂商的销售量中，华为一枝独秀，2015年的手机销售量大概只有四五千万，到了2019年突破了1.4亿，可以说翻了好几番，这么大的销售量，事实上是华为科技创新推动力的很好体现。华为公司近年来授权发明专利的数量超过全国总量的1%，这是一个什么概念呢，我们全国一共有1000多所高校，有国企、央企等很多大型的企业，华为每一年授权的发明专利数量竟然超过了1%。也就是说它这么大的一个科技投入才带来了企业的快速发展，更是将自己销售额的15%用于科技创新，所以才取得了这样辉煌的局面。

从2020年开始，华为的手机销量开始大幅下滑。究其原因是2020年9月15日美国公司对华为手机芯片断供，导致手机的销量下降超过了85%。通过这个例子告诉我们：科学技术是第一生产力，核心技术是买不来的，落后就要挨打。华为也可以说是我们国家现阶段的生动写照。我们必须深刻认识到，只有大力地推进科技创新，实现高水平的自主知识产权，使科技创新达到一个新的水平，才能实现中华民族伟大复兴的中国梦。而这对我们所有的教育系统及同学们提出了新的要求，我们要培养创新性思维。

培养创新性思维，这个题目很大也很难讲好，今天给大家分享三个小故事，谈谈我的体会。

第一个小故事是关于新房装修过程净水系统的方案选择。我的专业是水环境污染治理和生活污水包括工业废水的处理回用。由于专业的原因，我经常会接触到很多净水技术、净水器、净水系统，也因此很多朋友及同学过来咨询我："李老师，你看我家里面最近在装修，需要一个净水系统，你可以给我一个什么建议？"在得知很多人都有相同疑问后，我总结出了一个简单的方法。但在讲述这个方法之前，首先我们应该确定自己是否真正需要净水系统。众所周知，自来水经过自来水厂的净化之后可以达到饮用水标准，然而水从自来水厂到用户是要经过运输的，运输过程存在着饮用水管网加压的二次污染，包括颗粒物污染等，所以仍然存在着一定的水源污染风险。另外，有的朋友不喜欢有水垢等原因，因此装净水系统，还是很有必要的。

我们确定了自己真正需要净水系统，但当我们打开京东、淘宝的网页，搜索净水器，我们会发现商品27万件，厂家300多家，你可能想到去查它的水质参数，然而流量参数性能有10余项，而且价格从三四百元到一万两万，甚至还有更高的。该怎么选呢？对于一个没有接受过系统专业知识的人确实是一头雾水。这就使用到了我结合自己的情况总结的一个很简单的四字方法，即水质需求、功能定位、净化原理、运行成本。首先确认自己的水质需求，然后根据水质的需求，对整个净水系统进行功能定位，接下来根据净水的基本原理，对设备运行维护进行成本分析，从而形成自己的最佳方案。

接下来，我们具体讲述下四字方法及净水系统方案确立的过程。第一步，水质需求，我们想要装一个净水系统，首先看我们的需求是什么，担心是什么。如果位于农村地区，水源中可能存在泥沙；如果是二次供水，可能有水锈、细菌、病毒等。另外，水源地饮用水也存在被污染的风险，虽然这种情况可以防患于未然，但是仍然有发生的可能性。第二步，进行功能定位，一般来说有两种净水系统，中央净水系统和厨下净水系统。中央净水就是解决全屋水质的净化问题，也就是说从水进到家里开始，全部的水都要经过净化处理。另外一种，只需要把厨房下面的饮用水净化，而生活用水正常使用。通过功能定位，就会对净水系统有一个很好的导向性设计。第三步，就是净化原理，简单地说就是按照膜材料的孔径进行筛分的过程。对于水锈或者泥沙，我们只需要1微米的孔径就能实现过滤的功能，而对于病毒、细菌等，1微米孔径的滤膜可能就起不到作用，此时就需要更小孔径的滤膜。通过这种作用，我们可以去除细菌、病毒，如新冠病毒大概是50纳米，那么如果孔径是10纳米，我们就能对新冠病毒进行有效拦截和筛选。如果还想进一步去除水垢，我们就需要更小孔径的滤膜，因为水垢离子是非常小的。由此我们明白，对病毒、细菌、离子、大分子的有机物等污染物，我们有着不同的粒径材料来实现它的净化。因为材料的孔径不同，从而它的投资、运行和维护的成本也会不同。因此第四步运行成本，我们要根据自己的需求选择设备，如果最终想要过滤泥沙，可能几块钱足以完成；如果要过滤细菌、病毒，那么需要几十块甚至上百块钱；而如果要把离子或者水垢去掉，那可能就要几千块钱。而在运行的过程当中，如果我们使用的是微滤和超滤，便不需要额外的能耗，家里自来水的本身压力就可以使用，但是如果使用纳滤和反渗透的来过滤离子，则需要额外的压力，从而维护的过程当中也会有一些额外成本。

综合这样的分析之后，每个同学及朋友都可以按照自己的需求做一个很简单的方案。以我家为例：我采用全屋净水系统，如图所示，右边有个小的过滤泥沙的装置，经过这个过滤泥沙的装置之后，有一个全屋净水的超滤装置可以过滤掉水中的细菌和病毒，在这个基础上，厨房下面又安装了一个反渗透的装置，用来去除水垢。

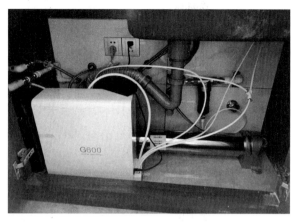

这个选择净水系统的小故事对我们有什么启示呢？首先，任何创新的过程都需要有扎实的基础知识，清华大学的金涌院士曾经说过，"创新能力的培养基础在于对于已有知识的系统、全面、深刻的掌握，这样才能真正地站在巨人的肩膀上，有所发现"。我们创新思维的培养首先需要扎实的基础知识，对专业知识体系有深入系统的了解，并在此基础上进一步创新。那么，哪些知识有益于我们培训创新思维呢？事实上这并没有明确的答案，苹果公司原CEO乔布斯的回忆录里面曾经有一段这样的描述，在设计第一部苹果个人电脑的时候，他发现知识会从他的脑子里涌现。他也曾经说过为什么苹果的电脑比较有用户缘，因为在艺术气息上、字体上、流线性结构上，他当年学习的知识得以体现，并最终展现在产品中，所以我们要广泛地去学习和涉猎，而不能局限于自己领域的专业知识。

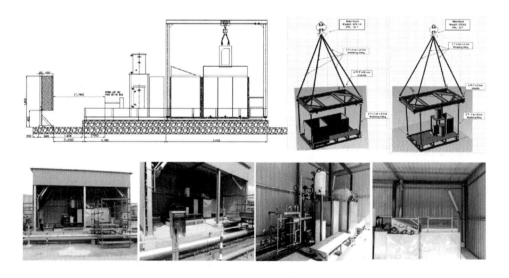

　　我想给大家分享的第二个小故事是当年我在企业现场开展中试研究的心得。我曾经在新加坡从事科研工作8年，主要是关于污水回用的技术创新和技术研发工作。新加坡是一个岛国，没有淡水资源，80%的淡水靠从邻国马来西亚进口。当双方出现矛盾或利益冲突，马来西亚就会提高淡水的售价。而淡水资源关乎国家生存和发展，因此新加坡政府下决心要自给自足解决淡水问题。通过研究相关技术，例如海水淡化、水库收集雨水，其中非常著名和影响大的是新生水技术，也就是把生活污水进行处理之后回用。新加坡的新生水目前已经达到了60%的自给自足率，主要通过设立很多新生水的水厂，把经过处理的生活污水进一步净化成饮用水，用作工业企业的水源，或直接放在水库里作为一个非直接饮用的饮用水水源。

　　我们的团队也从事饮用水水源方面的研究，研发一种低能耗技术。我们用一些低品位的热源如太阳能、工厂的余热来作为热源，可以把污水转变为去水垢的高品质水，成本跟相同的工艺来比有很大的优势。该成果吸引了美孚石油，经过很多轮沟通后，通过对我们的技术进行评估，决定参与投资并提供场地。按照他们的体系，整个过程需要实验室基础研究，然后经过中试，再进行产业化应用。当时我正好是中试研究的技术负责人，在中试的研究过程中需要把实验室的小型膜组件，变成一个立方每小时的产水组件。为实现这一目的，我们尝试了很多材料，塑料装置、不锈钢装置，包括膜材料的选用及膜组件的改造。这些过程都必须在中试里面一一进行研究研发，整个过程很长，耗时将近4年。

在初步解决了这些问题之后，在美孚石油污水处理厂附近，我们建造了一个中试车间。当时现场条件比较艰苦，由于设备原因导致温度比较高，达35摄氏度，再加上安全因素，需要穿上防火服，还要戴上安全帽，胸口戴一个硫化氢的探测器。就在这一现场条件之下，我们坚持了一年半，每天从白天到晚上进行现场调试。现场设计、安装、调试、运行、数据采集的过程虽然非常辛苦，但是我从头到尾经历了一个从实验室向产业化应用转化的过程，受益匪浅。

这一经历使我意识到，在工程学科，创新绝不是在实验室做一点试验就可以实现的，因为工程学科最后要产业化应用，必须走到工程中去，走到实践中去。只有理论和实践结合起来，并为之付出了辛勤汗水，才可能更好地为社会服务，改变社会，促进技术创新。

第三个故事是这么多年来在我的研究生教学和研究生培养的过程当中关于未来颠覆性技术的小故事。颠覆性技术是通过创新对原有模式的一个颠覆，传统的渐进式技术创新主张小修小补，而颠覆性创新，尽管一开始可能不被人看好，但是一旦它发展到一个阶段之后，就会迎来突飞猛进的发展，并对社会的进步产生较大的影响。一个耳熟能详的例子，就是智能手机。手机由从前的按键手机到如今的智能手机，伴随着移动通信技术的更新换代，上网已经改变了我们的生活，而未来智能手机的网络应用对人类的改变会更加明显。

那么，在污水处理厂是否存在类似的颠覆性技术呢？最近十几年来，我特别关注这个领域，现在讲的这个颠覆性技术就是正在进行的一个事情。城镇污水的处理系统已经有一百多年的历史，随着欧洲人口逐渐增多，工业逐步发展，水污染对环境造成的影响也逐步进入公众视野，为了应对水质的逐渐恶化，抽水马桶和污水处理厂应运而生。

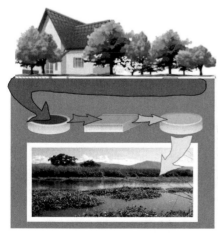

污水处理厂的工艺一般可分为三个阶段，首先，污水进入沉砂池，砂粒及大颗粒物实现沉降分离；其次，流入生物曝气池，通过培养微生物，营造好氧或厌氧的环境条件，让微生物将污水中有机物去除；最后，污水通过二沉池，使活性污泥和处理后的水实现分离，达到净化水质，去除污染物质的目的。简而言之，整个污水处理厂的基本原理核心是通过培养微生物，在氧气条件下让微生物生长，而后利用微生物的代谢去除有机污染物。

现有的污水处理厂存在两大缺点，微生物产生剩余污泥量大，且剩余污泥的处理成本较高。那么，有没有一个方法改变这种传统的模式呢？确实有，这个就是目前正处于探索阶段的生态工程，如果说传统模式是一个工厂，那么生态工程的建造过程就是生物的加工工厂。污水的处理净化不再通过微生物来实现，而是通过培养植物来完成，与污泥的处理不同，我们对植物进行生物冶炼，从而使之变成高附加值的产品，例如可以把它变成蛋白质或香水，从而实现了资源的循环利用。如果我们把传统城市污水的管网和城市污水厂变成分散小巧，与建筑融为一体的生物加工工厂，那么我们传统城市生活污水厂的概念就会烟消云散，这就是一个很典型的颠覆性创新的例子。这一技术的主要优点在于，免于建设城市复杂的地下管网，从而节省整个管网的建设投资费用；其次，节省了污水处理厂的运行能耗，据美国统计，污水处理厂的能耗占整个社会总能耗的1%到3%，不仅如此，污水处理厂的气味对周边环境的影响也得以消失。通过这种方式，传统的污水处理厂模式转变为分散式的生物加工工厂的自然循环模式，原先的恶臭垃圾场转变成了花园，并与人类生活融为一体，可以大大改善人们的生活环境。这个模式如此美丽动人，吸引了科学家们进行了一系列探索和进一步的实验。以荷兰的实验为例，对污水处理厂改造之后，占地面积只有之前的6%，而且其中花园的设计，产生了生物产品，不会产生剩余污泥。

当然，颠覆性的创新很有可能失败，我们不会知道技术未来是否有前景，但是颠覆性的创新确实能够带来很多不一样的东西，而且一旦成功，能够对我们的社会有更大的贡献。我分享颠覆性创新这一故事，就是建议大家跳出原有学科，能够从另外一个学科，另外一个角度来考虑问题，那么，它带来的科学变革就会产生更加深远的影响。

　　培养创新的理念，并非口头说说便能成事，它需要广泛地涉猎知识，有时候需要跨学科，需要交叉学科，甚至需要从哲学、从其他的学科来寻找灵感。所以，颠覆性的创新是我们期望未来发展创新性思维培养的一个重要的方向。

　　通过今天分享的这三个小故事，相信大家心里都会和我产生相同的感受，创新思维的培养并非一朝一夕，一蹴而就，它是潜移默化的。科学思想是创新的关键，培养创新性的思维，需要每个人以深厚的理论知识为基石，对于实践性特别强的学科，还需要与实践相结合，因为实践是推动科技创新的重要源泉。同时，科学思想更是颠覆性创新的关键，要想获得科学思想，我们就需要有颠覆性的思维，学科交叉和科学灵感，厚积薄发，迸发出思想的火花，涌现出创新的思想，并将之转变为科技创新成果，促进国家的发展和社会的进步。

　　2022年是山西大学建校120周年，也是我们山西大学成为国家双一流建设大学的开局之年，在此我衷心祝福山西大学为国育人，年年桃李，岁岁芬芳。

　　谢谢大家！

张耀平

山西大学外语学科历史上的几位"大先生"

演讲者简介

张耀平，男，博士，教授，山西大学外国语学院院长，兼任山西省高等院校外语教学研究会会长，主要从事英美文学和英汉翻译的教学与研究工作。曾参与《莎士比亚大辞典》和《牛津高阶英汉双解词典》的编写工作，论文发表在《中国翻译》《国外文学》《翻译学研究集刊》（台湾）和牛津大学Notes and Queries等国内外学术期刊。

尤其发表在Notes and Queries上的系列英语文献学论文在英美同行中获得积极反响，其中2016年论文"To Be a Saver in...and to Save Oneself in...in Ben Jonson"被作为年度重要工作收入牛津大学出版社主办的学科年鉴The Year's Work in English Studies。此外，发表于《国外文学》的论文《柏拉图与莎士比亚——影响及莎士比亚作品著作权问题》后

被收入《中国莎士比亚诗歌研究》；发表于《中国翻译》的论文《用汉语读，用英文写——说说葛浩文的翻译》被收入《葛浩文翻译研究》。

所译英国文艺复兴时期著名剧作家琼生（Ben Jonson）代表作《伏尔蓬涅》被收入商务印书馆"汉译外国文学名著"系列丛书。所授课程有《英国文学》《美国文学》《文学翻译》《英美文学研究文献选读》等。

大家好！我今天演讲的题目是《山西大学外语学科历史上的几位"大先生"》。2021年4月19日，习近平总书记考察清华大学并发表重要讲话，其中有一句话说"教师要成为大先生，做学生为学、为事、为人的示范"。外语学科是山西大学全校办学历史最长的学科之一，在伴随学校一路走来的120年办学历程中，外语学科历代学人矢志学术、潜心育人，涌现出许多堪称学生"为学、为事、为人的示范"的"大先生"。我今天主要从"为学"的角度，讲讲其中四位"大先生"。

我讲的第一位"大先生"是关其侗，讲讲关其侗的哲学翻译。我在这里讲关其侗的故事，也许首先要讲的是他的没"故事"。终其一生，他都过得平平静静、按部就班，似乎没有发生任何特别的夺人眼球的事情，除了学术。

关其侗于1904年出生于我省平定县，在父母相继离世后，由叔叔抚养长大。读私塾的时候就被先生发现天赋异禀，在大学读书时就开始翻译作品。目前我们能够查到的，不算发表在报刊上面的零散译文，光整部的译著一共就有26种。关其侗于1951年调入山西大学，先在哲学系讲授逻辑学，后来转任外语系的教授，直至退休。1973年在北京去世。

关其侗辞世已经半个世纪了，但是在商务印书馆迄今推出的《汉译世界学术名著》哲学类153种著作中仍有4种还采用关其侗的翻译，分别是洛克的《人类理结论》、休谟的《人性论》《人类理解研究》和贝克莱的《人类知识原理》。对于一名翻译家来说，能有一种译著跻身其中，那就是对自己莫大的肯定，而关其侗一个人就贡献了4种。

据关其侗女儿回忆说，20世纪80年代，一次在出版社偶遇清华大学著名学者、翻译家何兆武。何兆武得知其是关其侗的后人，马上说："关先生啊，那可是我们的老前辈，他的译著了不起，了不起，无人可及。大家！大家！"

关其侗的确是大家。他的译著有这样几方面：首先，他以一人之力把英国经验主义哲学最重要的译著都翻译了过来。在短短一年时间里完成了《笛卡尔方法论》《笛卡尔哲学原理》和《沉思集》三部著作的翻译。之后，他把译介重点转移到了德国古典哲学领域，相继翻译了康德的两部著作《优美感觉与崇高感觉》和《实践理性批判》。在山西大学工作期间，他又开始从事马克思主义哲学著作和苏联文献的翻译，甚至还翻译了《植物分类学实习》这样的科学著作。

关其侗通英语、德语、法语、俄语，能读希腊语、拉丁语，晚年时还自学了日语和梵语。用武汉大学赵林教授的话说"他的翻译文质并茂，信达雅兼具，深得学界赞誉"。我们要知道，他翻译的著作，几乎每一部都极其深邃、极其艰涩，所以能做到这一点真的非常不容易。我现在从外语的角度讲关其侗，不妨说说前面提到的一个书名的翻译——培根的The Advancement of Learning，后来人通译《学术的进展》，这其实是一个误译。因为培根在这部著作中，讲的是学术的重要性、学术的目的和学术的正确方法，而不是陈述人类学术的进展历程。关其侗译本，把书名译为《崇学论》才是正解。因为这里的"Advancement"，它的意思是改进、提升、推重、崇尚。我们看关其侗的生平事迹，他于1930年从北京大学毕业，到1940年年仅36岁的时候，就已经完成了12部大部头高深著作的翻译。这实在是惊人的翻译能力，惊人的工作效率，惊人的学术成就。

这值得我们深思。不难想象，他学英语的时间肯定没我们长，那么，和他以及那一代人相比，我们今天这一辈在哪出了问题呢？我想我们可能缺少了追求卓越、读第一流的书、做第一流的事的勇气。我们学外语这么多年，我们想过要读，要翻译培根、笛卡尔、贝克莱、康德这个层次的书吗？学外语是为了用，而不是为学而学，而且学外语最高效的方法是使用。只有通过大量的使用，你去读、去写、去听、去说，而不是刷题才能够掌握。当然了，不是每一个人都要去从事哲学翻译，但至少就外语学习来说，关其侗的故事给我们所有人以启发。

接下来，我来讲讲常风的文学评论。

常风生于1910年，1929年考入清华大学西洋文学系，毕业后曾长期在北京大学执教，1952年调任山西大学外语系，2002年逝世。

史学界常用刘知几的一句"史有三长，才、学、识"的话来衡量一个学者的能力和贡献。这个"才、学、识"的标准，想也可以推广到人文领域其他学科。评价常风的才、学、识，无论如何，我没有资格，下面我只能是以学习的态度，试着作一个简要的介绍。

　　"才"：文笔；对于常风来说，就是他所使用的学术语言。从他的文章看，作为清华西洋文学系的毕业生，他显然深受英国学术界推重的"everyday English"这一传统的影响，写文章力求朴素简洁、清楚明白。从另外一个角度看，用他曾经分析过的王国维《人间词话》中提出的观点来衡量，也可以说他写文章力求"不隔"。写学术文章而能做到"不隔"，自然全在你的功力，比如，我们读他分析亚里士多德、莱辛、克罗齐、瑞恰兹等文章会看到，他总能把里面的艰深理论一一化开，把里面的观点主张、思想倾向以及来龙去脉清清楚楚地呈现在读者面前，我想这就是最好的学术语言。

　　作为学者，你的"学"是其他一切的基础：没有"学"，空谈"才"毫无意义；没有"学"自然也就不可能产生有价值的"识"。常风《窥天集》《弃馀集》里面的文章很多是他在25、26岁的时候写的，读里面的文章，我们常常不由掩卷感慨：一个这个年龄的人，他什么时候读这么多书的？举个例子，他写过一篇评论李健吾《福楼拜评传》的文章，常风在评这部后来公认的文学批评史上的名著时，没有一上来就谈李健吾对福楼拜的研究的长短得失，而是先做了大量的铺垫。从中西传记的对比谈起，一下子进入西方传记史，从古希腊、古希伯来传记一路梳理下来，然后进入文艺复兴时期传记，17、18世纪传记，直至当代的莫罗亚、斯特拉齐等的传记，由此引出了评传文类的概念。在这个基础上详细评析了莫雷的《陀思妥耶夫斯基评传》、雅毛林斯基的《屠格涅夫》，以及小说家纪德的《陀思妥耶夫斯基》等几部西方代表性的作家评传。在提供了整个的传记，包括评传发展史的背景之后，他才来讨论李健吾的《福楼拜评传》。我在这里要说的是，常风在阐述过程中不仅显示出他对传记发展历史的清晰把握，更为难得的是，他对各个时期的具体作品如数家珍般熟悉，这得读多少书？这篇文章讲的是评传，他在讲文学理论的时候，同样显示出他对所谈问题背后无比深厚的"学"。

　　作为一个学者，最为重要的当然是"识"。我们还是举例子来谈。我们来看看《窥天集》的目录，这部集子加上《后记》共计收入了12篇文章，我们从这个目录就可以看出常风的治学范围有多么广阔。

可以说，在他眼里，只要是文学理论和文学批评，研究的问题没有中外古今之分，更难得的是，这些文章几乎每一篇都充满了真知灼见。他对亚里士多德《诗学》的研究，以及当年没有收入集中、不久前才由学者们收罗来补充为"集外文"的几篇莱辛研究的文章，可以说这些文章至今都是研究这两位理论家必读的汉语文献。《杜少卿》一文，让《儒林外史》的研究者和普通读者开始重视这个小说中着墨并不多但非常有意义的人物。《小说的故事》从《一千零一夜》讲到《水浒传》《红楼梦》，讲到《战争与和平》，讲到《傲慢与偏见》，讲到普鲁斯特、伍尔夫，把小说这一文类的发展历史和特征要求做了透彻分析，见解精到。《窥天集》再版时，著名学者吴小如在序言中说："我经常反思，我自己虽然也活了70多岁，但比起我的师辈来，却总感到缺少点什么。我想，除了学问与见闻不及我的师长外，器识襟怀也不及老辈那样的豁达中和、淳厚平易。"

这是大学者吴小如的反思，我想，对于我们这一代人来说，可能除了"学问与见闻"，除了"器识襟怀"，是不是还缺少了那种作为评论家的勇气和担当，还缺少了对于学术的真诚和使命意识。

第三位我想谈谈高健的文学翻译。

20世纪80年代初，高健译、常风校，分上下两卷的《英美散文六十家》出版。我和很多读者一样，在赞叹高健优美译笔的同时，也不由得想：能够校阅高健译稿的，会是怎样的高人？但当时能查到的资料有限，这个疑问后来就慢慢地不了了之了。高健就在系里边不时碰面，接触机会多，了解也就更多一些。

高健祖籍天津，1947年考入北京的辅仁大学，1951年毕业后分配到中国人民解放军情报总署，后来还在其他的国家机关工作过，1956年来到山西大学。随后接踵而来的是各种政治运动，高健基本上没有能够开展专业工作，只是听说在这期间他养过猪、在砖窑干过。"文革"结束后，随着高考恢复，随着1977、1978级学生相继入学，学校的教学研究重归正常。而此时高健已经年届不惑，但在其后的三四十年间，他力求补回失去的时间，以忘我的精神贡献出一部又一部英美文学作品的优秀汉语译作。这些译作中尤其以散文数量最多，也最见功力。高健的主业是英语文学，而他自幼也浸润于中国历代典籍，对昆曲、京剧和元曲等也都有涉猎。深厚的汉语功底造就了他生动优美的译笔，而这样优美的译笔似乎也特别适合做散文翻译。高健不仅是一位译著丰赡的翻译家，而且在翻译理论方面也卓有建树。他在翻译的风格问题、语言个性与翻译的问题等多个方面提出的理论观点引起了学界的广泛注意。迄今为止，上海外国语大学有1篇博士论文，四川外国语大学、郑州大学、上海外国语大学、江苏大学等学校有7篇硕士论文都是以高健的翻译思想为研究题目的。

最后一位我来谈谈多语翻译家杨德友。

已故杨德友教授，1938年出生于北京，1956年在北京外国语学院波兰语专业只读完一年级之后，转入山西大学英语专业，1961年毕业，然后就留校任教，直至退休，2019年逝世。

北京外国语学院1年的波兰语、山西大学4年的英语，这是杨德友接受了正规训练的两种语言。但是他从波兰语出发，又自学了俄语和捷克语这两种斯拉夫语族语言；以英语为基础，他又扩展到了法语和德语这两种和英语有血缘关系的西欧语言。这么多语言，他不是为学而学，而是为了读书，为了了解语言背后的文化，最终为了将其中部分精华作品翻译成汉语，以服务于其他学者以及大众读者。以上这6种语言，每一种他都留下了大部头的译著，他最终完成了近50部译著。他对语言的痴迷，可以说达到了传说的级别。很多学外语的人都知道，马克思在40岁的时候又开始学俄语这个故事，而杨德友在60岁的时候还认真地学起了塞尔维亚语。20世纪90年代，他曾两度赴美，在两所不同的大学开设中国传统文化的课程，用英语讲授《道德经》《论语》《庄子》。这样的中国文化功底是做好翻译的基础，而他选译的著作也都是让读者能够触摸到西方文化之根的东西，比如：波爱修斯《哲学的慰藉》、中世纪诗歌集《布兰诗选》、法国大诗人维庸的《遗嘱集》《米开朗基罗诗选》，以及大量宗教学和研究俄罗斯文化的著作。可以说他是一位自觉的翻译家。很多人可能看过前不久在哔哩哔哩等平台上面热播过的纪录片系列《但是，还有书籍》，片名用的就是杨德友翻译的波兰诗人米沃什的一首诗：

"即使书页被撕扯，
或者文字被呼啸的火焰舔光。
书籍比我们持久，
我们纤弱的体温会和记忆一起
冷却、消散、寂灭。
我常想象已经没有我的大地，
一如既往，没有损失，
依然是大戏台，女人的时装，
挂露珠的丁香花，山谷的歌声。
但是书籍将会竖立在书架，有幸诞生，
来源于人，也源于崇高与光明。"

他的这些译作受到很多专家学者和大众读者的喜爱，他也因为杰出的工作获得"传播波兰文化成就·波兰外交部长奖"（2002）和波兰华沙大学对外波兰语言文化中心"波兰文化传播奖"（2014）。

以上我讲了四位"大先生"，其实，在山西大学外语学科的发展历史上，还有很多位这样的"大先生"，是他们谱写了学科的灿烂华章。2022年，山西大学在喜迎120周年华诞的历史性时刻，又迎来了进入"双一流"建设高校的历史性跨越。作为山大人，作为山大学子，我们当然不能只做"搭车人"。我在这里讲前辈学人的故事，就是希望我们要以他们为榜样，来续写山西大学更加灿烂的未来篇章。

谢谢大家！

李雪枫
我爱丁香盛开的美丽校园

演讲者简介

李雪枫，山西大学新闻学院教授，硕士研究生导师。1982年考入山西大学中文系汉语言文学专业，1986年毕业留校工作至今。主要从事媒介文化、广告研究。参与或主持国家级、省级项目40余项，其中主持项目9项，发表论文40余篇，出版专著有《广告景观初论》《广告文案审美举隅》《山西革命根据地出版史》等，有部分观点被《新闻文摘》或《北京大学学报》转载或转摘。曾荣获山西省人文社科优秀成果二等奖，山西省"百部（篇）工程奖"二三等奖，山西大学十佳教学标兵、山西大学优秀共产党员等。

在长年的校园生活中，对于学校有了更为真切与细致的了解，在经年累月的教学工作中，对于师生关系、对于学生、对于教职也有了更为本真的认知，凡此种种，成为她关于校园书写的基本底色。《丁香校园》是一本书写山西大学的校园随笔，是献给百廿山大的一首长歌。《丁香校园》分两部分：第一部分，辑录校庆日写给学校的十余篇诗文；第二部分，聚焦于2021年，以这一年的四季风光、师生生活为题材，展现了即将进入百廿征程的山西大学的诸多美好瞬间。作者以情润文，以文叙情，表达了对这所百年学府的热爱与依赖。

各位老师，各位同学：

我叫李雪枫，来自山西大学新闻学院，很高兴来到令德讲堂和大家分享一段我和这个学校、和各位的一段记忆和往事；分享一段我写作《丁香校园》的心路历程。这是我们学校一个整体上的俯瞰图，我写的故事就发生在这个地方。

（云漫山大 冯旭摄）

山西大学的丁香花是校园中一份独特的存在，开遍了校园的三季。因此，在这个丁香园中生活的人们就有了一段特别美好的、难忘的校园时光。正是因为40年来个人的经历和体验，我对丁香有了一种特别的认识，开始了关于《丁香校园》的写作。

请大家看一看我们拍摄、收集的一些丁香树和丁香花的照片。

（文瀛公寓楼前的紫丁香 李雪枫摄）

　　其实我知道，我所展示的这几张丁香的照片和大家镜头里丁香的照片肯定不一样。大家镜头里可能有比这更好的景观。而且我看过好多同学、校友写校园的丁香，写他们对丁香的思念、对丁香的向往、在丁香校园读书的美好时光……但是我和这些校友、这些山大学子的感受都不一样。为什么不一样呢？因为我在这个地方生活了40年，最起码见了40年丁香树的花开花落。所以，我在《丁香校园》里这样写道：

　　常年在校园生活，我已经习惯于在每年的仲春时节去等待丁香花开，在夏日看满树繁华匆匆告别葱绿的树叶，习惯于在秋高气爽的日子里看树叶一片片掉下来，习惯于在白雪飘飘的冬季和丁香树一起想念花开的往事。

（物理楼北侧2021年初冬雪后的丁香树 潘婷摄）

　　正是因为这样的经历和体验，在校庆100周年的时候，我就开始了《丁香校园》的写作。到现在为止，我写了12篇关于丁香校园的随笔。2022年四月，当学生们被封在宿舍楼里的时候，他们在窗户边俯拍了丁香树，有学生拍到了白丁香和紫丁香在"对话"。

（白丁香、紫丁香在对话 任博洋摄）

　　我看到这张照片的时候，当时就落泪了。2022年的四月，我们学校经历了一个漫长的，可以说备受挑战、倍感压力，但是取得了最终胜利的一段时光。从丁香树的生机勃勃、色彩绚烂、昂扬奋发中，我们就能够感到山大人的一种境界、一种品格和一种力量。所以，我才拿丁香来比对山大人，比对山西大学，认为这是一个充满生机和活力的丁香校园。那么，在《丁香校园》中我还写了什么呢？我觉得丁香校园里头的丁香花就像我的那些学生们。广告专业班里的一个孩子把紫丁香当作花冠，当作了璎珞，然后拍了张绝美的照片。丁香花和这个孩子是多么相配啊！你看她那眼睛里的光，都有丁香灼灼其华的绚烂。

（我的学生以丁香为花冠与璎珞拍了这张照片 王莹萍摄）

　　我觉得校园里的丁香花就像园子里那些青春正好的孩子们。

　　所以，我在《丁香校园》中写道：

　　一次次地拍摄丁香树，我好像面对一个个鲜活的生命。

　　细雨中的丁香是一个敛眉多愁的女孩，她刚刚寄走一封措辞委婉却又让人深深失望的回信，不期然间又接到了另一封爱的请束。那细细碎碎花朵上的滴滴雨珠像是这个玲珑剔透的孩子的泪水。晨曦初显时的丁香像极了我那些意气风发的男学生，他们在一夜不眠的卧谈之后，又在校园的小路上晨跑，精神抖擞地迎接新的一天。你看，那在晨风中一树树跃跃欲动的绿叶与白花，正好吻合了这种青春飞扬的节奏。

　　有人讲丁香是一种吉祥树，它象征了爱情和幸福。如此说来，校园里的丁香应该是见证了幸福与爱情的。在人的一生中，有一段岁月充满智慧启迪与自由精神，充满爱情的期盼与求知的活力，它有漫卷诗书时的青春朝气、永不言败地锐意进取，这段堪比黄金金贵的岁月便是大学时代。在这样的岁月中成长的孩子，应该有阳光灿烂的心境、海纳百川的胸怀、执子之手的柔情、探求真理的勇气，而那一座座大学校园，

167

便是在日月交替的时光流逝中，为每一个学子构筑的、永远与青春同在的不老的时光宝盒。这一个长满了丁香的校园，是每一个山大学子的精神家园和文化圣地，或者说是丁香清雅幽远的香气熏染了这一段岁月，使它有了蕙质兰心的爱情、自在踏实的幸福。而这，也正是校园让人在辗转流连之间始终无法忘怀的根本原因吧。

所以说我觉得丁香花就像我的学生，像我那种温婉细腻的女学生，像我那种朝气蓬勃、朝气昂扬的男学生。在学校初民广场上邓初民先生塑像的后边，围绕他的塑像形成了一道丁香花的屏障。这七八棵丁香树，有白丁香，也有紫丁香。丁香花不仅像我的学生，更像我的那些先生们、我的那些老师们，他们有丁香一样的风骨、丁香一样的气质、丁香一样的淡然，像丁香一样蓬蓬勃勃地绽放。

（初民塑像旁的白、紫丁香树 孟秀红摄）

在《丁香校园》中我这样写道："我常常拿丁香的特性来比喻先生们的品格。素香柔树，雅称幽人趣。丁香的美好在于清雅，在于生长时的沉潜，在于开花时的勃发，在于春秋流转之中的坚持与努力，我觉得这恰巧是一个才德双馨的智慧学者心路历程的简写。"换句话说，是不是因了校园这一树树丁香经年累月的熏染，才使得山大学人都有了丁香一样的品格，他们坚守心灵的纯粹，他们坚持成长时的努力、花开时的绚烂：芳香泽被，普惠众生。

我觉得丁香树、丁香花就是山西大学的根，就是山大人、山大学子特有的那种精神气质。所以，我拿丁香花来比喻山西大学的风骨，来比喻山大人的品格。丁香树生长在山西大学的春夏秋冬，山西大学的春夏秋冬也因为有丁香树形成了丁香校园不同的12个月。那么这12个月有怎样的不同呢？于是，我用12篇文章来写山西大学12个月的与众不同。

1.校园的心脏，是这个叫图书馆的地方
2.故岁今宵尽，新年明日来
3.春日读书兴味长，展纸磨砚笔花香
4.你是人间四月天
5.我的书香门第我的家
6.六月纯阳朗照，一路前程向好
7.西天流云红，缱绻伴归程
8.等待一个秋天的日子
9.君可记今昔，千里念归期
10.风卷清云尽，空天万里霜
11.令德如斯，丹心向晋
12.我在初民广场，告别2021年

（12篇文章与山西大学的12个月 作者：李雪枫）

我这样写园中的五月。园中五月，开始了一个可以品味的季节。泡桐花的花冠状如喇叭，花蕊细长，汁多甜蜜。串串槐花与片片榆钱是许多人青睐的美味佳肴，它们骄傲地挂满高高的枝头，引逗着人们的视线与味蕾，在春末夏初度过一段长长的、安宁的花期后，这些可以作为美味的花朵飘然落地，园中四处便是一地又一地白色的、绿色的花瓣，空气里就有了清新的、甜丝丝的花香味道。我说园中的五月开启了一个可以品味的季节。那么品什么呢？我们园子里头有桑葚、有槐花、有榆钱。我觉得那种味道，特别是桑葚落地，特别是槐花、榆钱一粒粒（片片）掉下来的时候，园子里头那种清香的味道，那种清新的味道，还有泡桐花的味道，那是留在我记忆深处的一种关于这个校园的味道。

（石榴树开花了 郭庆华摄）

169

园中的十月写什么呢？写晚秋。那么晚秋的十月是一个什么样的季节呢？在《丁香校园》中我这样写道：晚秋十月，有一年中季节变化最快的一截时光。如果西风硬朗，如果秋雨持续，如果寒露霜降不肯稍减威严，那么，秋雨降清凉、西风凋碧树、山河易容、秋冬变换，几乎就是瞬间之事——你可能只是一天伏案无暇去到园中，隔天再见，便看到许多树上的叶子都掉光了，昨日小阳春，今天已初冬，只是在你的恍惚之间，就已经顺利完成了交接。这个真的是我的一种感觉。比方说我在家里边，一天各种各样的文案劳动，今天可能没有到园子里头，第二天可能没有到，第三天到的话，银杏路旁边的200多棵银杏树一地金光灿烂，满树金光耀眼的那个景象就全不见了。银杏树就回到了青枝裸干的一种光景之中。然后你就知道，园中开始了一个庄重的、沉思默想的季节。在这个时候，十一月也快完了，再有两个月这一年就要结束了，想想自己的收成有多少，你就知道应该好好去读书了。

（十一月的金枝国槐 潘婷摄）

我这样写园中的五月，写园中的十月，写园中的十二个月时，肯定涉及园中的景与物，那么我写了园中的哪些景和哪些物呢？在物理楼北侧，研究生院前边花圃旁边，物理学院立有一个石碑。这是物理专业1978级的学生留给母校的一份纪念，上面写的是：春风化雨，细推物理。这个词写得多么好啊，在一个湛蓝色的、十一月的一轮明月之下，天空湛蓝深邃，树木寂寞，灯光一点点地打进来，那块石碑，那样地神圣和圣洁，那个时候你觉得我们这个校园它是什么样子的呢？

明月之夜的校园，宜静坐、宜相叙、宜送达思念、宜沉醉流连、宜灵光闪烁跳跃，它是这样的一个时空：宁静从容，深邃纯粹，它将人们的视线与思想吸引到浩瀚无际的苍穹，在这个被无限延展了的时空中，人们因了这份宁静神圣的光波照耀，可以被提点被激发，也可以被安抚被温暖。

你不觉得它给你灵魂一种洗涤吗？不觉它让你陷入一种纯粹的、一种庄重的思考之中吗？

（校园内的石刻 李雪枫摄）

从每年三月到十一月，甚至到十二月的时候，在园子里头每天晚上7点多到8点多钟，总有那么一二十分钟的时间，有那种晚霞绚烂的时候。有一次，我就抓拍到这种玫瑰色的黄昏来临的时候，校园的那种温婉细腻、甜蜜而惆怅的那个景象。

（玫瑰色的晚霞 李雪枫摄）

171

在这样的一种写作过程中，我就写了园中傍晚时分的晚霞。

从三月开始直到十一月初，园中傍晚时分，常常会有二十分钟左右的时间，西天流云瑰丽多彩，阳光穿过多彩的厚重的云层放射出耀眼的光芒，与东边天际的静默深邃的蓝白色形成强烈的对比，此时此刻，园中的喧哗仿佛被按下了静音键，只有这温煦的、神圣的光波流转，园中万有，全部沐浴在一种朦胧的玫红淡黄浅紫中，置身其中的人们，总会有一种莫名的感动，从心底涌上一种踏实愉悦的情绪。

它带给了我们什么？我们能在哪里看到这个晚霞？看到这种晚霞的时候，你会怎么样呢？你心里头的那种柔软的情愫会被拨动，你甚至会有想流泪的感觉。

（霞光嫣然的二里河 郭庆华摄）

然后大家看，我还写了什么？写了毕业季。这是2015级广告专业的同学，他们在学校里边拍的几张照片，这些照片我觉得拍得很棒。你看在图书馆楼前的照片，在原来的山西大学堂牌楼前的照片，在令德湖、令德桥上的照片。这些照片宣告了一个毕业季的来临，然后拉开了校园分别的序幕。

（六月的毕业季 冯旭摄）

我希望大家在这张照片前多停留几分钟。我在南门口的闸口处，看到几个孩子在告别，大家在流泪、在话别、在拥抱。然后经过那么一段时间，这个女孩子拉了两个箱子，背了一个双肩包，往南门口走去。我就跟在她的身后，我想去帮她推箱子，但是我没有那样做，我一直跟着她，看她走出南门，拿出手机来约车，拿着行李坐上车离开。我知道对于她来讲，这是她终生难忘的一次离开，但她可能不知道的是有一个老师记录和见证了她的离开，并且在心里头深深地为她祝愿。

（即将毕业离校的同学，这是她最重要的一次离开与远行　李雪枫摄）

在这本书里收集了我给他们写的一些诗歌。一首诗题目很有意思，叫《晚安啦，亲爱的孩子》。为什么是"晚安啦，亲爱的孩子"呢？我给2018级广告专业上的课是排在晚上的，每天课程结束的时候是9点半，四五十个孩子都会从我面前一一走过，跟我说老师再见、老师晚安。与此同时，我也会跟这些孩子说再见、晚安，在结课的那一天，我就写了这样一首诗：《晚安啦，亲爱的孩子》。

步行街上的春天和夏天/夜晚总是姗姗来迟/行人与街灯睡意朦胧/微风携带了丁香与紫薇的味道/一次又一次造访/在房前屋后/明月来了又去了/我看见倦意在你的眉梢/灵光闪烁、隐隐跳跃/晚安啦，亲爱的孩子。

今夜我们来唱一曲眠歌/唱给令德湖眠熟的波心/唱给初民广场的木槿与白杨/它们说好要在子夜时分沉思默想/唱给那条小路/它在期待我们一次又一次走过/晚安啦，亲爱的孩子/在这个有花草有凉风的夜晚/天空深邃湛蓝/老槐树上的喜鹊窝正在沉沉酣梦/在这些灵鸟的梦中/是否也有风吹麦浪/与山高水长。就是在今夜/我们来唱一曲眠歌/祈福过去的将要到来的时辰/安宁温顺/为每一次跋山涉水的旅程/为每一次相遇与相逢/铭记一份亲爱与纯真/是在此在，但请珍重/晚安啊，我亲爱的孩子。

当我写这个《晚安啦，亲爱的孩子》的时候，其实我心里头留存的是什么？是我在课堂结束的时候，一次一次和孩子们互道晚安的场景，我觉得作为一个老师来说，那是幸福的时光。

我的学生刘维东给我画了一张速写。这个事情发生在20多年前，或者快30年了。大家看看他写的这一首诗：《二十年后的我》。那么20多年后的他是什么样子的呢？他现在是我们山西大学美术学院的院长、教授。然后20多年前，或者30年前的我是什么样子的呢？虽然是素描，但是我那个时候应该是一个三十出头的、"风华绝代"的妙龄女子，那么今天的我成了一个"风华绝代"的老太太。

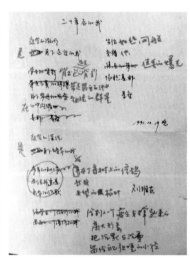

（李雪枫速写 作者：刘维东）　　　（刘维东上大学时被李雪枫老师修改的作业 刘维东摄）

所以说，我也在思考：关于教育，关于学生，究竟是怎么样的一回事？

我记得雅斯贝尔斯说过一句话。他说，教育的本质，是一棵树摇动另一棵树、一朵云推动另外一朵云、一个灵魂召唤另外一个灵魂。在我们传统的理念中，认为老师是那个主动者，是教育行为的发起者。但是在我和学生的相处过程中，我终于发现，这些孩子就是那棵苗壮成长为栋梁之材的树、是那朵绚烂满天的云、是那个有爱有智的灵魂，他们以欣欣向荣的青春活力摇动你、鼓励你，以青春的敏锐才智推动你的执行，以赤子之心、至诚之道的深情厚谊，来召唤你的似水柔情、召唤你前进的力量。

当然我也写了我对这个园子的一种依赖。

曾经有许多次，我结束一段旅程，舟车劳顿回到你的身边——无论是子夜时分，还是晨曦初现，我都有一种安然幸福的感觉：你的安宁与书香，你与市井聒噪之声完全不同的井然有序，你的明丽的晨光或者是你夕阳沉醉的晚霞，甚至是你深夜湛蓝的天空几颗明亮的星星、高高的槐树上的喜鹊窝，都让我踏实从容、亲切自在：这是怎样的福祉恩惠，能让一所百年学府成为我的书香门第、成为我的家！

我之所以能够活得踏实自在，日日有所进步，我觉得是这个园子给了我深深的庇护，给了我深深的极大的支撑、给了我自信、给了我力量、给了我尊严、给了我体面，就是我说的那句话：它就是我的书香门第，就是我的家。

所以说，山西大学她不仅是我求学的地方，不仅是我工作的地方，我在这里经历了一个从青年到壮年到老年的历程，那么我还会不会再有40年的时间，在其他地方重新开始呢？那绝对是没有的了！在我的一生中，我生命中最长，最为璀璨，或者最为宝贵的一段时间，都是在这个地方所成就的。所以说，我对这个地方有一种深深的眷恋、深深的依赖和深深的爱，有一种浓厚的、持久的情感。

最后我想说一句话：我用自己的一支弱笔，做一场力不胜情的写作，表达对这个校园的依赖、感恩与热爱。

刘庆昌

久久为功方可善作善成

刘庆昌 演讲视频

演讲者简介

刘庆昌，男，1965年11月出生，山西省河津市人。1986年在山西大学教育系学校教育专业学习，获学士学位，1989年在北京师范大学获硕士学位。2005年获西北师范大学教育学博士学位。现任山西大学教育科学学院教授、院长，兼任中国教育学会教育哲学研究会常务理事、全国教学论专业委员会常务理事、山西省学前教育研究会副理事长。

主要从事教育哲学和教学理论研究，在教育原理、教育知识哲学、教育工学、教学理论等方面进行了有益的探究，形成了自己较为完整的理论体系。自1987年以来，先后出版学术专著9部，发表学术论文200余篇。获山西省社会科学优秀成果一等奖3次、二等奖2次、三等奖1次。1996年被山西省委、省政府命名为"山西省优秀专家"，2008年被确定为山西省委联系的高级专家。2013年被评为山西省普通高校教学名师，2014年获宝钢优秀教师奖，2016年、2019年连续两次入选中国人民大学报刊复印资料重要来源作者。

　　大家好！我从1982年考入山西大学教育系至今，已经40年过去了。伴随着岁月的流逝，我也从当年的一名青年学子成长为年长的教师。一路走来，我受惠于母校优良传统的滋养，也为母校的进步和发展尽到了自己的绵薄之力，且幸运地参与到了山西大学精神传承的队伍之中。在母校建校120周年之际，我想与青年学子们分享我学术研究中的一些片段，希望对他们有一定的启发，这也是为师者的一种责任和义务。

　　说到学术研究，历来的良师贤达不乏精辟之论。作为后学者，我个人在学术的精神信念内涵上并没有什么新进，聊以自慰的是，在漫长的学习和探索中亲自证明了那些贤达们所陈述的信条，从而用自己的行动，实现了对山西大学精神的有限传承。不知道多少老师曾告诉我："板凳要坐十年冷，文章不写半句空。"我从中首先体会到的是做学术研究的唯实而不务虚，但最终影响我的却是有恒而不懈怠。回顾在教育学领域的学习和研究，这期间有幸收获的进步，无不与不懈的坚持有关。所以我要讲的主题就是：久久为功方可善作善成。古人讲："善始不必善终，善作不必善成。"那怎样就能做到善始善终、善作善成呢？我想到一个秘诀，但它不是捷径，就是久久为功。实际上，这种精神已经扎根于我的心里，它需要我继续呵护，只有这样做才能够与我作为一名研究者和教育者的人格精神具有内在一致性。

　　我要分享的第一个内容是"我与一个概念"的故事。这个概念就是教育概念。所谓教育概念，它实际上是要回答教育是什么这样一个基本的问题。它是我们教育学的第一问题，从性质上来讲属于教育本体论。对这一问题的回答会直接影响到教育理论建构的方向和风格，也会影响到教育实践者的教育思维。应该说，这个问题的重要性是没有人怀疑的，但大家对这一问题的理解却各种各样。按照英国一位学者的说法，关于教育是什么这个问题的答案至少有60多种。面对这种现象，我们不能简单地认为它是一个学术自由和繁荣的表征，这同时也说明我们在对这一个问题的回答上还处于比较粗放的状态。

我对教育概念的研究式关注是从2005年开始的，但是研究思绪却可以追溯到我的求学阶段。上大学的时候，我的老师和教科书会告诉我，教育是一种培养人的社会活动。这个判断很显然很明白也很明确，但却没有触及教育的本质。我通过思维的凝视，迅速地作出一个结论，即我们教育学领域的人们所熟知的这样一个判断，实际上它是用目的界定了教育。因为如果我们可以把教育界定为"培养人"的社会活动，那同样也可以说它是一个"塑造人""改造人""发展人"的社会活动。沿着前人探索的踪迹，我惊喜地发现，到20世纪80年代、90年代，开始有人把教育概念用"影响"这样一个要素来进行界定，由此出发，我得出了一个结论：教育是一种影响。表面上看，好像没有什么惊人的地方，但它反映了我开始在动词的意义上来界定教育的研究立场，在研究路线上我也寻找到了一个新的突破口。

继续审视教育是一种影响，在逆向思考时我又意识到，并不是所有的影响都是教育，进一步推出只有人为的影响才是教育，而由于人为的影响也就是我们说的干预，所以我非常轻易地得出了一个结论：教育是一种干预。对这个结论再作逆向的思考，我意识到并不是所有的干预都是教育，只有善意的干预才是教育，所以进一步得出结论：教育是一种善意的干预。有了这样的思考以后，我就开始对教育的概念进行更加理性的分析。到2006年我发表了《论教育性——"关于教育是什么的新探索"》一文，在这篇论文中，我非常系统地表达了我对教育概念的新认识。到目前为止，教育是一种善意的干预这种观点在教育理论领域已经广为人知，客观上推进了人们对于教育概念的理解。

就在我个人认为对于教育概念的理解似乎可以终结时，2019年，在我持续的教育哲学的思考中，我突然意识到，教育是一种善意的干预，固然要超越以往所有对教育的理解，但是它仍然没有找到教育的本体，教育的本体应该是支配外在行为的一种内在的意念。这一个新的直觉让我很兴奋也让我有了心理负担。虽然人们对这样一种认识最终会接受，但如何论证却是一个非常艰难的问题。许多人正是难以面对这样一种压力，所以在认识上有时候采取了保守主义的立场，或者采取了一种回避的策略，但这种回避和保守往往会使我们错过一种超越自我的机会。而我是幸运的，我所说的幸运是我战胜了我个人的局限。在思考过程中我发表了26000多字的学术论文《教育意念的结构》，这篇论文把教育概念从"善意的干预"推进到了"意念"的层次，达到了目前对于教育概念理解得最好的水平。

回顾"我与教育概念"的故事，一方面我更加深刻地认识到人类的认识是无限的，另一方面，也深刻感受到山西大学悠久的大学文化带给我们的精神上的启示和思考中的力量。

我要分享的第二个内容是"我与一个思想"的故事，这个思想就是"爱智统一"。山西大学的人如果留心就会注意到，我们山大附小（山西大学附属子弟小学）有一栋教学楼叫"爱智楼"，这栋楼的名字就是与我"爱智统一"的教育思想有关的。多年来，这个思想在全国广泛流传，省内外一些学校已经把"爱智统一"的思想融入他们的办学理念和学校文化，而且让我感到高兴的是几乎所有体现"爱智统一"思想的学校都没有提到我个人。我为什么会感到很高兴呢？因为我觉得当一种思想实际在发生作用却不与某一个具体的个人相联系的时候，意味着人们已经把它视之为一种公共的资源、一种公共的知识。这种情况与理工科研究人员的发现、发明是有区别的，对于我们人文社会科学领域的思想者和理论家来说，研究的成果如果在流动传播中受到人们的欢迎和接受，被实践者选择和应用，就是我们最大的幸福。这一个思想的形成和不断完善的过程大约经历了20年的时间，同样属于久久为功的典型学术事件。

对于我个人而言，"爱智统一"思想的萌发是1997年，当时我们教育领域的大背景是大力倡导素质教育同时尖锐地批评应试教育。从主流的舆论来说，学校教育发展充满了希望，但是现实却是素质教育讲得轰轰烈烈，应试教育却做得扎扎实实。面对这种矛盾，我开始思考：我们的教育、我们的学校究竟出了什么样的问题？基于我的专业认识，我认为素质教育和学生的应试能力不应该是水火不容的。学校之所以难以走出应试教育的泥潭，当然有很多外部因素的影响，但根本上还是我们的教育者在教育情感和教育能力上普遍不足。简言之，也就是在爱和智以及两者的统一上出了问题，所以我就主张爱和智在教育中应该统一起来，并且发表了论文《初论爱和智在教育中的统一》。

当时我对这个教育观念是满怀信心的，但并没有想到它后来会成为我的一个非常重要的思想符号。"爱智统一"从一种基于实践的主张最终成为我的思想符号之一，就是从那篇论文开始的。我与时俱进、逐步深化，经过20多年的不懈探索，把一种简单的教育观念发展成为一种系统的教育哲学。具体而言，1998年至2000年，我在两所中小学推行了"以我爱智 育人爱智"的办学思想，2004年，我在《教育者的哲学》这本书中就把"爱智统一"上升为教育的精神，2009年，我发表了《爱智统一的教育原理》一文，明确主张"爱智统一"的教育原理。但关于这一问题的思考并没有到此为止，在其他的教育理论研究中我也会时常渗入"爱智统一"的意蕴。从2018年开始，我对"爱智统一"进行系统思考，最终在2021年出版了《爱智统一："好教育"的精神法则》一书。这本书比较完整地书写了我和"爱智统一"思想的理论故事。

我时常想，作为一名专业的研究者，我们的收获当然是与自己的努力有关的，但像这样的收获恐怕不能仅仅归功于自己，我至少意识到了山西大学这种博大的胸怀，他对于一个研究者的宽容使我的思想能够长久地驰骋于理性与诗性之间。我由衷地感谢这所文化博大厚重的现代大学。

我要跟大家分享的第三个内容是"我与一个理论"的故事，这个理论就是"教育工学"。"教育工学"和"爱智统一"一样也是我的教育思想的符号之一，而且随着时间的推移，越来越多的人知道并接受了它。尤其在今天，整个社会倡导做"有用的学术"的背景下，"教育工学"不仅被研究者所接受，更受到教育实践领域的欢迎。我之所以要讲述我和"教育工学"的理论故事，不只是因为其中包含了我很多独特的思虑，更因为它同样体现了"久久为功 方可善作善成"的道理。

"教育工学"的思想萌芽于1991年，萌发的契机是我对自己专家身份的一种反思。当时，全国范围内史无前例开展了对中小学校长和老师的培训，由于我学的专业是教育学，就参与到了这样的培训中，并因此结识了一些中小学的校长和老师，他们视我为教育专家而且经常邀请我去作讲座或者是指导工作。那时我也就是二十五六岁，面对各种恭维当然是很惬意的，但同时我很快意识到自己其实并不能解决学校实践层面的很多问题。因此，就产生了对自己专家身份的怀疑。我会问自己我是专家吗？如果我不是专家为什么别人会称我为专家；如果我是专家，为什么我解决不了学校中的问题呢？这一系列的问题在冲击着我。经过深刻的专业分析和反思，我有了一个基本的结论：

第一，我可以是专家；第二，我可以是的"专家"只是教育专家集合中间的一种教育理论的专家；除此之外，还应该有教育实践操作的专家、应该有能够把理论和实践连接起来的专家。在这种思考的基础上，我把教育专家划分为四类：教育哲学家、教育科学家、教育工程师、教育技术—艺术家。借助于联想，我又从教育专家的类型出发获得了教育知识的分类，也就是我后来经常讲的"哲 理 工 艺"。在思考的同时，我也注意到学术界对于教育理论与实践关系的研究和争论。争论的核心为：教育理论家无论怎样努力，也无法成功地消除理论与实践两张皮的现象；而教育实践者呢，因为教育理论无法使他们感到受益良多，渐渐地就觉得理论没有用。那怎样能打破这个僵局呢？我想到了"教育工学"这个观念应该能解决这个问题，从此开始，我就开启了长达25年的研究之旅，这是一个非常艰难的过程，它既在考验我的能力也在考验我的耐心。要知道，我的第一篇论述"教育工学"的论文直到2007年才公开发表，距离"教育工学"思想的萌芽竟然有17年之久。

基于比较系统的认识，从2009年开始，我在教育学本科专业开设了"教育工学"课程，在教学相长中相关研究日益完善。直至2016年公开出版了《教育工学：教育理论向实践转化的理论探索》基本上实现了对这一理论的建构。国内有同行在论文中道："在我国，山西大学的刘庆昌教授首开'教育工学'研究之先河，并对其进行了比较系统的研究。"我也可以负责地说，"教育工学"不仅仅是与我个人相联系的，也是与母校山西大学相联系的。

我要跟大家分享的第四个内容是"我和一个领域"的故事，这个领域就是"教育哲学"。事实上，我学术研究的第一领域是教学理论，且至今仍然在这个领域进行着研究。但是学术界更多的人总是愿意把我和教育哲学联系起来，这个当然也是符合实际的。谈起我与教育哲学之间的故事，可以追溯到本科学习阶段。读本科时我对哲学就产生了浓厚的兴趣，这大概也就注定了我后来不管在什么问题上进行研究，都会具有一种哲学的倾向，逐渐地也就形成了一种哲学的风格。但真正与教育哲学的研究结缘，是从1996年我在大学教授教育哲学这门课程开始的。

时光如流，具体的细节我已淡忘，但仍清晰地记得在这一领域的努力已有25年。在教学过程中我觉察到历来的教育哲学思考是面对整个教育界的，但主流的教育哲学好像既没有明确自己的对象，也没有明确自己的客户，更重要的是在对教育现实的观察和思考中，我发现任何的教育哲学思考只有被教育者拥有才可能对教育实践发挥影响，否则它就只能流动在所谓的学术界中。基于这样的认识，我就确立了一种在今天看来仍然很有勇气的立场，那就是教育哲学必须成为教育者的哲学才能够真正地把教育和哲学连接起来。从那时起，我就有一种理想，就是要书写一种站在教育者立场上的教育哲学。

非常巧合的是，从1996年到2000年间，我有机会深入中小学的教育实践中，这也让我具有了能够真诚理解教育者心理实际的一种得天独厚的条件，也正是在这个过程中我完成了我的第一部教育哲学著作《教育者的哲学》，并于2004年出版。在这本书中，我表达了一种非常明确的教育哲学观，简单地说，教育哲学不是哲学的演绎或者是哲学在我们教育中的一种应用。教育哲学它就是哲学，它是根植和生长于教育大地上的一棵哲学之树，它是教育者的哲学，也是为教育者服务的哲学。让我感到非常欣慰的是，这种对教育哲学的重新理解几乎没有障碍地就被人们接受了，同时也成为一种颇有个性的教育哲学。应该说，这是一个良好的开端，它给了我信心，也给了我希望。

从这里开始，我与教育哲学的研究关系越来越紧密，以至到了今天，我无论做多少研究工作都改变不了同行们对我的学术定位。在我这里，教育哲学事实上替代了教学理论成为我学术研究的第一领域。我检索自己在这一领域的学术工作，在《教育者的哲学》这本书之后，又在2008年出版了《教育知识论》《教育思维论》，2018年出版了《教育哲学新论》，2021年出版了《爱智统一："好教育"的精神法则》。这些工作使我也无法否认自己确实更属于教育哲学这一领域，如果说自己的学术研究能够为我们的母校山西大学增添一些荣光，好像也主要集中在这个领域，我也十分感念山西大学给予我潜心钻研、自由思考的文化环境。

审视我所分享的这些故事，它的性质显然是一种自我反思的。其中有关教育学专业的内容实际上只是一种素材，毕竟任何精神信念的阐释总要和经验事实联系在一起才具有真实性和说服力，而且只有依托于具体的经验、事实，个人的反思才具有真诚。表面看来我的分享很像是一种专业劳动的事迹叙述，实际上我是想向年轻的学子们重复传达一个通俗却深刻的道理，那就是：学术研究从来就不是轻易的事情，没有坚定的志向和恒久的毅力必将一事无成。我相信比起我的具体研究经历，这种经受了人类历史考验和磨炼的信念对年轻学子们更有启示的作用。

在庆祝我们山西大学120周年华诞之际，我很愿意把我所分享的故事作为一份微薄的献礼。我祝愿我的母校山西大学在国家发展、民族振兴的历史过程中遵循登崇俊良尊广道艺的原则，在中国高等教育乃至世界高等教育领域中再创辉煌！

谢谢大家！

李福义
相融山大四十载

演讲者简介

李福义，男，1963年1月生，山西左云人。二级教授，博士生导师。山西省教学名师，山西省优秀科技工作者。山西省数学会副理事长，山西省工业与应用数学学会副理事长，教育部高等学校数学类专业教学指导委员会委员，山西省高等学校教学指导委员会数学类专业教学指导委员会（含公共课教学）副主任委员。入选2018年度山西省"三晋英才"支持计划拔尖骨干人才。从事非线性泛函分析、非线性微分方程研究。1979年至1983年于山西大学数学专业读本科，获学士学位，毕业留校任教。1988年至1992年于山西大学基础数学专业攻读硕士学位，1993年至1996年于山东大学基础数学专业攻读博士学位。曾任山西大学数学科学学院院长。

曾获山西省科学技术奖（自然科学类）二等奖1项，山西省科技进步理论二等奖1项、三等奖1项，山西省科学技术奖（自然科学类）三等奖1项；获山西省教学成果二等奖1项、三等奖1项。2010年获宝钢优秀教师奖。主持国家自然科学基金项目4项，在Ann. Inst. H. Poincaré C Anal. Non Linéaire, J. Differential Equations, Calc. Var. Partial Differential Equations, Proc. Rov. Soc. Edinburgh Sect. A,《中国科学》等重要期刊上发表学术论文70余篇，SCI收录50多篇，高被引论文2篇。

尊敬的老师们，亲爱的同学们：

大家上午好！

2022年，在喜迎山西大学建校120周年之际，我怀着喜悦的心情和大家共同庆祝我们母校的生日！我是1979年考上山西大学本科的，毕业后留校任教至今。长达44年有缘沐浴在母校的春风夏雨里，有幸我的学习、工作、生活、成长都与母校惜惜相伴，每当想到能够见证我校三分之一多的发展历程，我由衷地感到阵阵喜悦！这44年也恰逢我国改革开放时代、中国特色社会主义新时代，这无疑也是我人生之大幸也！

恩情山大

1979年，我16岁时考上山西大学，从塞北高原的一个普通乡镇，第一次出远门来到省会太原，在金秋九月细雨蒙蒙的一天怀着无限的憧憬跨入这所高等学府。1983年，本科毕业留校任教。1988年至1992年于山西大学在职攻读硕士学位，1993年至1996年于山东大学定向攻读博士学位。从此以后，无论在山西省，还是在山东省，乃至在全国来说，我都是一名名副其实的"山大学子"。

留校后，在学校的持续培养下，我从助教开始逐级经讲师、副教授等晋升为二级教授，2000年37岁时晋升为教授，在当年相对来说还是比较年轻的，2021年晋升为二级教授。1998年开始招收第一届硕士生，2008年招收博士生。2010年被授予山西省教学名师，2013年被授予山西省优秀科技工作者。入选2018年至2022年教育部高等学校数学类专业教学指导委员会委员、山西省数学类专业教学指导委员会（含公共课教学）

副主任委员。40年来，我始终工作在教学科研第一线，是一名真诚的山大教师。

留校后，在党组织的关怀培养下，我担任过教研室副主任、主任。到现在我还清晰地记得系总支书记对我的教导，教育我做一名"红色专家，又红又专"。2001年开始担任数学科学学院副院长（数学系副主任），2013年担任院长，直至2021年11月卸任。前后历时20多年，能够同时在管理岗位上工作，因而我也是一名忠实的山大人。

巨变山大

作为一名爱校、敬校的山大人，我亲身经历了学校的巨大变化和快速发展。1979年入学后第一学期的劳动课，我有幸参加了专家楼的挖地基工作，由此开始，见证了沿着德秀路从北到南专家楼、招待所楼、专修楼、培训楼、学术交流中心的新建，见证了家属区的平房改造工程等。从大的方面来看，我经历了北院的建设、南院的新建，再到南院的开拓。由此可以说，就坞城校区而言，40年来我们又建了一个新山大。如果加上东山新校区，我们更建了一个崭新的山大。

一所学校的发展既要适应社会的发展，又要依靠自身的发展。专业、学科、规模的发展就是一个强有力的推动力。1979年，我们入学时只有10个系，文史政体外艺，数理化生。而现在就主学科而言，我们就有21个学院，文史哲政外教法经马新体音美，数理化生环计电自等，数量上翻了一番。

除了一座座高楼拔地而起，我们还经历了学校一步步、扎扎实实地从教学型、教学科研型、具有地方示范作用的高水平研究型大学、建设区域特色鲜明的高水平研究型大学、建设高水平综合性研究型大学跻身中国优秀知名大学行列等办学目标定位，以及现在入选"双一流"建设高校的历程。

同全校一样，数学学科建设也取得了长足发展。1936年建系，1986年第一个二级学科基础数学硕士点获批，2000年获批第一个基础数学二级学科博士点，2005年获批数学一级学科硕士点，2018年获批数学一级学科博士点。2019年数学与应用数学专业、2022年信息与计算科学专业获批国家一流专业建设点。

因此，改革开放以来，我们不仅仅扩大了校园，在校园内建筑了一座座高楼，更主要的是在专业、学科内涵建设方面取得了根本性成就，我们不仅能够培养优秀的本科生，而且还能够培养优秀的硕士、博士研究生。我曾经把博士生培养分为四个层次，一是师徒型的，以传承师傅的技艺为目的；二是师生型的，以培养学生为目的；三是团队型的，以团队建设发展为目的；四是学科型的，以学科建设发展为目的。今天我们已经到了第三、第四个层次了，应该以学科建设为核心，学科专业一体化建设，从而强有力地支撑提升人才培养的能力和水平。

科研山大

大家都知道，科研与学科建设有着密切的关系，下面以我在科研中的两个具体例子来折射学校科研发展的历程。

1976年，H. Amann给出了著名的三解定理，从图形上来看，Amann定理表明：

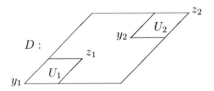

1979年，R.W. Leggett和L.R. Williams给出了著名的Leggett-Williams三解定理，从图形上来看，Leggett-Williams三解定理表明：

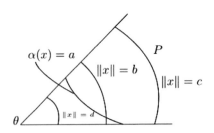

直观地从图形上来看，Amann三解定理反映的是平行四边形的情况，Leggett-Williams三解定理反映的是圆锥形的情况，看起来好像很不一样，没有共同点。

但是，从拓扑学的角度来看，如果我们做一个简单的形变，把折线拉压成弧线，这样一来，它们反映的就是同一个问题。

正是基于这一点考虑，我和我的学生获得了一些新的三解定理，这些定理统一并改进了著名的Amann三解定理与Leggett-Williams三解定理，得到了国际同行的高度评价，在审稿意见中认为是极好的结果(excellent)，而且从投稿到正式发表不到5个月，这在数学论文发表中是极少见的。

的确，这篇文章的发表是我一生中最值得骄傲的事情之一，它可遇不可求，而且今后也很难再遇到这样的事情。

记得我们2004年5月18日投稿，6月7日被接受，10月15日正式出版，不到5个月。其实比这出版的还早，因为现在的杂志都提前出版。

另外，在审稿意见中开头和结尾两次都说这篇文章是极好的 (This is an excellent paper! The paper is very well motivated, easy to read, and extends the works of Amann, Leggett-Williams and Avery... Again, this is an excellent paper.)

另一个故事发生在2021年。5月份我们着手写一篇论文，研究结点解的存在性，企图去掉一个条件，解决一个实质性的问题。开始时满怀信心，既有想好的方案，又有具体解决问题的办法。因而和学生讨论商议好后，就让学生去写去具体落实。动笔没多久，当把想法真正落实到一项项严密的证明时就遇到了一系列具体问题。有的问题通过共同讨论很快就解决了，有的则需要苦思冥想很久很久，甚至常常还不得其解；有时夜里放不下、睡不着、想通了，第二天一写又过不来。尽管我们有经验，明知道夜里想通的问题靠不住，但还是不由得要想，这也许就是科研的魅力吧！如果实在很长时间都想不通，尝试了很多办法都解决不了，那只好改变方案重新再来。这样一来，常常又会出现照顾了后面，却兼顾不了前面，就是俗话说的，按下葫芦浮起瓢！这样不得不来来回回反反复复一遍又一遍不停地尝试。甚至不得不停下来，重新深入思考各个环节的本质是什么？怎么才能协调解决问题？如果这样还不行，那只好先停下来，去查找与问题相关的文献，渴求借鉴稍大范围同行解决有关联问题的一丝一缕启发。这样持续到十月底，我们终于查到文献，借鉴他们的方法解决了我们的问题。

从上面的故事中我们看到，过去我们是写论文，现在我们是解决问题，从而表明我们的科研能力和水平在不断提升。

文化山大

山西大学有着悠久的历史、厚重的文化底蕴，凝练形成了山大精神。40年来，我和我的团队也通过学习、思考、实践、体悟，凝练形成了自己的特色和文化。

一是教书育人。我们是人民教师，必须忠诚党的教育事业，落实立德树人根本任务，落实"四为"方针。要坚持教授给本科生、研究生上课的基本原则，遵循教学相长规律。

二是潜心治学。在教学上，要想讲好一门课，需从课程的厚度、深度、高度、宽度、广度上下功夫。厚度指的是课程的历史，深度是指对课程的基本概念、基本理论、基本方法的深刻理解和把握，高度是指课程的前沿研究，宽度是指课程对其他课程的支撑，与其他课程的联系，广度是指对知识、观念、文化文明的影响和作用。

在学术研究上，逐步体悟到，撰写发表论文应遵循"正确、准确、规范、文化、审美"这样一个基本的层次和原则。

三是勇于创新。创新需要有意识，需要有精神，也需要有科学的方法。要想做出好成果，需要注意持续加强拓展基础，持之实践锻炼提升能力，不断研读前沿论文，勇于思考解决实质性问题，从而获得有意义的成果。同时还需遵循守正创新的规律。

四是开放交流。阅读文献、发表论文本质上就是学术交流。除此之外，参加学术会议、在学术会议上作报告、邀请专家作报告、与同行讨论合作等都是学术交流。我们要具有开放的姿态，具有扎实的基础知识，具有实事求是的科学态度，具有自信大方的品格，从而勇于开展讨论交流合作。

五是涵养悟道。无论是学习、工作还是生活，我们都需要不断学习政治理论、教育学、文学、历史学、艺术学等，持续涵养知识修养，有效提升思想境界，力争达到温文尔雅，文质彬彬。教学教育像春风化雨，细雨润物。

老师们、同学们！阳光是明媚的，生活是幸福的，学习是进步的，工作是舒心的！祝大家身体健康，阖家幸福！

谢谢大家！

周子良

学问的生命与生命的学问

演讲者简介

周子良，山西大学法学院教授，博士生导师。山西省高等学校法学与公安学类专业教学指导委员会主任委员，山西省高等学校131领军人才，山西省法律史学会会长，山西省法学会学术委员会委员，中国法学会理事，中国法律史学会常务理事，中国法学教育研究会常务理事，中国法学会董必武法学思想研究会常务理事，全国法科学生写作大赛组委会委员。山西省政府法律顾问，山西省公安厅法律顾问，建纬（太原）律所总顾问，山西省地方立法研究咨询基地立法咨询专家，山西省太原市人大常委会立法咨询专家，太原市人民检察院专家咨询委员会委员，太原市中级人民法院咨询专家，大同市中级人民法院专家咨询委员会委员，太原仲裁委、晋中仲裁委仲裁员。曾任山西大学法学院副院

长（主持工作）。山西大学师德师风十佳标兵，山西省高校教学名师。所负责讲授的中国法律史是山西省高等学校精品共享课程，曾获山西省学术成就奖。

在《现代法学》《政法论坛》《中国法学（英文版）》《山西大学学报》《法律适用》等国家级、省级刊物上发表学术论文50余篇；出版专著、国家统编教材（参编）、大学法学教材（主编），参编著作等15部；主持国家社科基金、教育部课题和山西省法学会重点课题等17项；获司法部、山西省人民政府、山西省社会科学研究等教学、科研奖等43项。

尊敬的老师们、亲爱的同学们：

大家好！

我是法学院的周子良，1982年考入山西大学历史系，毕业后留校任教，1994年12月调入法学院。除了在西南政法大学攻读硕士学位、在人民大学法学院攻读博士学位外，我一直没有离开过山西大学，所以对山西大学有一种特殊的情感。在喜迎母校建校120周年之际，我想与大家分享关于我的学术历程与学生培养的故事。

教育与学术研究，是大学教师永恒的两大主题。虽说学术研究最终要归于教育，但是要进行有效的学术研究却并非易事。在学术研究的道路上，明确的目标和持久的坚持是至关重要的。此二者虽不是至理箴言，但却是我真实的感受。另外一个粗浅的想法是，要进行学术研究，一是要研究学术界普遍关注的问题，能与学术界同仁对话，在一个层面上探讨共同关心的学术问题；二是要有自己的特色，研究学者们忽略但又具有普遍影响力的问题。从事学术研究不只是自己的事，还应指导学生进行学术研究。回望自己的学术历程与学生教育的过程，可以从研究中国民法史和山西法律史两个方面展开。

关于研究中国民法史的故事

1996年，我考入西南政法大学读法律史硕士研究生，师从我国著名法学家俞荣根教授。西南政法大学的所在地是重庆，离太原1000多公里，而且那个时候的交通极不便利，从太原到重庆没有直达火车，需要40多小时。之所以这样"舍近求远"选择去西南政法大学读书，一是因为西南政法大学是全国的重点大学，二是因为那里有国内研究中国法律文化的顶尖学者，如俞荣根教授、王人博教授、程燎原教授等。在考入西南政法大学之前我就拜读过俞先生的《儒家法思想通论》与他和导师杨景凡先生合著的《孔子的法律思想》，以及王人博、程燎原两位先生合著的《法治论》。这三本书都是具有开创性的学术著作，对我的法学研究影响甚大，主要是两个方面：第一是做学术研究必须知晓学术研究动态，了解学术研究的热点和前沿问题，进而明确学术研究的不足，从中发现要研究的问题；第二是做学术研究，一定要找到自己学术研究的领域，明确研究的目标，漫无目的地研究终将一事无成。学术研究就像是打井，先要找准位置，确定目标后需要坚持不懈，一点一点深挖下去，无论多少总有收获。

经过长时间的考虑，我把中国民法史确定为我的学术研究领域。我们知道，民法在整个法学学科体系中占有极其重要的地位。反观中国古代民法史的研究，我发现虽然学者们对中国古代民法的研究已作出了不少贡献，但是中国民法史上的有些重要问题还没有解决，比如中国古代有民事活动，而从事民事活动的主体是什么？中国古代的法律是不是"诸法合体 民刑不分"？中国古人是不是就没有权利观念等。由于对这些问题没有得到很好的回答，因此主流观点对中国古代民法一些主要问题的认识还没有切中要点。1996年年底，我就以中国古代民法中的"户"作为研究的重点，硕士论文开题时，将论文题目确定为《论户与中国古代民法文化》。经过研究，我发现中国古代最主要的民事主体是"户"或者叫"家户"，而不是中国民法史著作和论文中提到的个人抑或农民、地主、雇工、工商业者、皇帝、宗室、贵族与官僚等。

户作为民事法律关系的参与者，是民事权利的享有者和民事义务的承担者，中国古代的民事权利义务是统一于户而不是某一个"个人"。即使是户主或者叫作家长，也不是代表他自己个人，而是代表户行使权利、承担义务。中国古代民法文化的主要特征不是"个人本位"而是"户本位"，户是破解中国古代民法和民法文化之谜的根本所在。再者，中国古代没有民法法典，也就是说没有形式民法，但不能因此而漠视古代复杂的民事关系以及调整这些关系的法律规范。这些法律规范见诸历代的律、令、礼、习惯，以及家谱、族谱、契约、案例中，这些具有民事性质的律、令、礼、乡规、民约、家法、族规等都是中国古代实质的"民法"。

1999年7月硕士毕业后，我又回到了母校山西大学，在法学院任教的同时继续研究中国民法史，2006年9月开始在中国人民大学法学院攻读博士学位。在读博期间，我参与了我的导师曾宪义教授主持的教育部哲学社会科学研究重大课题研究攻关项目《中国传统法律文化研究》课题研究，具体负责研究赵晓耕教授主编的《身份与契约：中国传统民事法律形态》这一卷，撰写其中的"户的民事主体性"和"永佃制"，继续研究中国古代民法的问题。除了参与导师的科研项目研究外，读博期间最重要的任务就是撰写博士论文。要撰写论文，首先要确定题目，其次是收集丰富的原始材料。在选题方面，曾宪义先生建议我继续研究中国民法史。为了能让我收集到更丰富的资料，接触更多高水平的专家，曾宪义先生特意安排我赴台湾东吴大学做为期一个学期的访学。访学期间，东吴大学安排黄源盛教授做我的指导教授。当他知道我有心于民国初期民法问题的研究时，就将他"芒鞋踏破，千金散尽"收集的民国初年的档案资料《大理院民事判例全文汇编》中关于所有权的判例全文慷慨相赠，这份情谊一直感动着我。访学结束后回到人民大学。基于我的研究基础和学术兴趣，经曾宪义教授的指导，将博士论文的题目定为《民初所有权制度的创设》，副标题是"以大理院的民事判例为中心（1912—1927年）"，并顺利开题。之所以选择这个题目，其主要的理由是：民国初期是中国社会处于转型的时期，而转型时期就有许多问题需要研究。就民法而言，所有权具有稳定社会秩序、稳固社会经济基础、保障民事主体生存的重要作用，而且在民法体系中所有权占有重要位置；囿于资料的缺乏和认识的偏差，人们对民国初期北洋政府的法制还缺乏系统深入的研究，在所有的教材中，我们还没有看到民国初期所有权的制度体系到底是什么。在解读史料的基础上我得出的结论是：近代中国所有权制度，甚至民法制度的真正形成是在民国初期，而创设或建构这套制度的主体则是民国初期的最高法院大理院。大理院在奉行"会通中西、以理为本"的宗旨下，通过判例包括判例要旨，创设了一套包括所有权通则、不动产、动产和共有等内容的所有权制度体系。这套制度体系的出现标志着近代中国所有权制度的形成。

与此相适应，近代中国真正的所有权权利体系乃至整个私权权利体系也由此得以确立。以此为基础，我还研究了民法史上的"永佃制"、"永佃权"、中国古代民事活动的基本原则、婚姻家庭法等问题。

此外，还作为"各总部的负责人"之一参与了周安平、侯欣一教授主编的《中华大典·法律典·民法分典》的编纂工作，指导学生研究了近代中国的占有、婚姻家庭、抵押权、质权等民法问题。

可以说，硕士研究生阶段的学习奠定了我学术研究的基础，博士研究生阶段的学习提升了我学术研究的水平。老师的学术研究水平直接影响学生的学术研究水平。我的学术研究之所以能有提升，这要归功于山西大学和法学院的领导和老师们的支持，感谢山西大学为我提供了必要的支持，感谢法学院王继军院长在教学十分紧张的状况下给我读书的机会，感谢赵肖筠教授、汪渊智教授给我学术研究上的帮助。

关于研究山西法律史的故事

山西不仅有悠久的历史，而且有灿烂的文化。在中国文化史上，山西的地方文化占有极其重要的地位，也正是在这个意义上，有人说，中国文化一百年看上海，一千年看北京，三千年看陕西，五千年看山西。作为山西地方文化重要组成部分的山西法律文化，同样有着非凡的历史和丰富的内涵。山西既是中华文明的发祥地之一，又是中华法系的重要源头。据文献记载，中国历史上的第一位大法官皋陶就是山西洪洞人。按照《说文解字》的解释，中国的"灋"（法）字就与皋陶有关。相传，在舜帝时皋陶为司法官，平时审理案件非常公正。当遇到疑难案件时，皋陶就借助一头名为"獬豸"或者叫"独角兽"的神兽来审理案件。独角兽有灵性，当它看到诉讼双方当事人后，很快就能辨别是非曲直、真伪忠奸，做出公正、公平的判断，案件很快就能审理完毕，中国的司法公正最早来源于皋陶断狱。春秋后期，晋国大夫赵鞅将晋国的刑书铸于鼎上公布于众，史称"铸刑鼎"，这是中国历史上第二次公布成文法的活动。战国时，魏国的李悝制定《法经》，这是中国封建时代的第一部成文法典，李悝也成为法家的鼻祖。而法家的代表人物主要还是三晋人。荀子主张"隆礼重法"，最早将礼与法、"礼治"与"法治"相结合。贾充制定《晋律》，适用200余年。裴政参与制定《开皇律》，成为中华法系代表作《唐律疏议》的蓝本。狄仁杰公正廉洁，断案如神。何荣祖编订的《至元新格》是元朝的第一部成文法典。于成龙被康熙帝评价为"天下第一廉吏"。山西票号是中国最早的银行，在长达100多年的金融活动中，山西票号不仅创造了金融界一个又一个的奇迹，同时也"汇通天下""执全国金融之牛耳"，对清末民初的中国社会产生了重大的影响，如果说山西票号曾铸就了金融界的辉煌，那么它所遵循的规则——商事习惯就是成就辉煌的必备要素。

民国初期，山西开展了一场颇具规模、内容比较全面的地方行政改革和乡村建设运动，学术界称之为"山西村治"，因此山西也成为全国的"模范省"。而在村治过程中制定的大量地方性法规是山西成为"模范省"的根本原因之一。中华人民共和国成立之后，张友渔、彭真为共和国的法治建设作出了不可磨灭的贡献。在依法治国与以德治国相结合的新时代，山西的这些法治资源无疑会成为现代法治中国建设的宝贵财富。对于山西的法律人，我们有义务和责任梳理和研究山西的法律史。

我研究山西法律史开始于1998年。当时，为了参加三晋文化学术研讨会，撰写了《韩非法思想的价值取向》一文，基本观点是，韩非身处诸侯林立、战争频繁的战国时期，他集中精力于"存亡"之间，以国家为本位，其法思想的价值取向具有强烈的时代感、现实感和明显的功利色彩。2002年，我与学生和另一位同仁合作撰写了《三晋法家思想的华与实》，我们认为，三晋法家思想是法家思想的主体，冯友兰等先生称谓的"晋法家"这一名称不如使用"三晋法家"更符合史实。本文重点探讨了一个耐人寻味的历史现象，那就是三晋法家思想花开三晋，但果却结在了秦国。研究这一历史现象的目的是希望通过对历史的考察，发现历史中那些恒定但却历久常新的理念，为当代的思考与实践提供历史的参照。

2007年8月，法学院王继军院长要我筹建山西省法学会法律史学研究会，9月学会成立，我被选举为山西省法学会法律史学研究会首任会长。能被大家推举为法律史学研究会会长，既感荣幸，更觉责任重大。2018年，我被选举为中国法律史学会常务理事。在其位就要谋其政。在做法律史研究会会长期间，我一方面鼓励、督促法律史学研究会的成员深入研究山西法律史，另一方面，我给自己也定了任务，要重点研究山西法律史中的三晋法家、山西票号习惯法、民国初期山西村治中的法律问题和山西境内抗日根据地中的法律问题。只要坚持不懈就有收获。2007年11月，我申报的《山西票号习惯法研究》课题获教育部人文社科项目立项，这是山西省第一次获得的国家级的法律史研究项目。2011年申请到国家社科基金项目，题目是《民国初期山西村治中的法律问题研究》。此外还主持了山西省哲学社会科学规划课题、山西省社科联的规划课题和山西省法学会的重点专项课题等。这些课题的名称主要有：《山西票号习惯法研究》《三晋法家思想研究》《山西境内抗日民主政权的土地法规研究》，其中《民国初期山西村治中的法律问题研究》课题的结项成果被全国哲学社会科学研究规划办鉴定为优秀，2021年该成果入选由全国哲学社会科学工作办公室遴选编辑的《国家社会科学基金项目优秀成果选介汇编》。

我带的硕士研究生和几位本科生都不同程度地参与了我主持的科研项目。与此同时，指导学生研究了三晋法家、山西票号、山西境内抗日根据地中的相关法律问题，以及民国初期山西有关禁毒、土地、村治等的法律问题。

该文被山西省人民政府学位委员会评为2021年度山西省优秀硕士学位论文。

以上讲述了我自己做学术研究与指导学生从事学术活动的故事，希望与大家一起分享。

在自我成长和学生培养的过程中，我深刻地领悟到，作为大学教师，学术研究的价值在于，一是探求真理，二是立德树人。通过学术研究培养学生的学习、学术兴趣，提升学生发现问题、分析问题和解决问题的研究能力，使学生能够独立思考和判断，成为有远大志向、广博知识、独立人格、高尚品格和责任担当的新人。

学术研究与学生培养蕴含无尽的学问，需要用一生来完成。学问的生命在于不断地追寻，生命的学问在于不息地奋进！

在欢庆母校建校120周年之际，我把自己的学术经历作为一份薄礼献给母校，祝福山西大学。

　　老师们、同学们，在建设"双一流"高校的征程上，让"我们奋发自强"，"托起明日朝阳"！

　　谢谢！

乔明强

豪饮一路风雨　托起明日朝阳

演讲者简介

　　乔明强，山西大学生命科学学院院长，杏花村学院院长，教授、博导；南开大学生命科学学院教授、博导。现为中国生物化学与分子生物学会常务理事，中国抗癌协会肿瘤与微生态专业委员会常委，天津市生物化学与分子生物学会理事长。曾于2003年获教育部等七部委"支援西部对口学校全国先进个人"称号。2006年入选教育部新世纪优秀人才资助计划。2009年获中共天津市委和天津市人民政府颁发的"天津市优秀留学人员"荣誉称号。2011年获得中关村高端领军人才称号。曾四次获得南开大学良师益友荣誉称号。主要研究方向：病源细菌功能基因组学与耐药机理的研究；益生菌抗菌肽的生物合成与产业化；新型纳米生物材料真菌疏水蛋白的自组装机理、功能修饰及医药领域应用；合成生物学之重要资源微生物底盘细胞构建及异源生物合成路径重构；肠道微生态与肿瘤的发生发展及靶向诊疗。先后主持和参与了20多项国家和地方的科研项目，共在国内外核心刊物发表文章约130篇，其中SCI收录文章百篇，包括Nature Communications等。2018年获得天津市自然科学二等奖。

亲爱的老师们，同学们，亲爱的朋友们：

大家好！

我是生命科学学院院长乔明强。很高兴由我来跟大家分享"豪饮一路风雨，托起明日朝阳"——我与山西大学的故事。

故事要从2020年8月讲起，那是我第三次来到山西，来到山西大学。之前曾经到山西大学黄土高原研究所作过学术报告。初听山西大学校歌，其中有一句歌词给我印象特别深刻，那就是"豪饮一路风雨，托起明日朝阳"。经过这两年多在山西大学生命科学学院的工作、生活，让我对这一句歌词又有了更深的了解和感悟。"豪"字表达了山大人的豪情、豪迈、豪爽。"饮"字又表达了山西人对清香白酒、山西陈醋特有的钟爱。"一路风雨"记载着山西大学，这所百廿老校在高教历史的艰辛经历和光辉岁月。"托起明日朝阳"又展现了我们对学校成为双一流建设高校的期许、对青年未来的寄托、对成为世界知名大学的憧憬。

2020年8月20日，当我从黄桂田校长手中接过院长聘书的时候，心里既激动，又感到肩上巨大的压力。

学校领导的关怀和嘱托，生科人对未来发展的期待，都在这一刻变成了一种风雨同舟、奋发向上的力量。时间过得真快，转眼两年过去了，山大人的豪气也在生科的发展中彰显出来。学校领导非常重视和关怀生科院的发展，校党委书记王仰麟亲临生科院，召开一院三所领导班子会议，听取学院的工作汇报、师生对学校的意见和建议，指示学院领导班子，要带领好大生科的全体师生员工，以立德树人这一办学根本任务，抓好学科建设和专业建设，为山西大学的双一流建设贡献生科人的智慧和力量。

在校领导的大力支持下，在校职能处室的热情帮助下，在学院党政班子的团结配合下，在全体生科师生的共同努力下，2021年生物学科在软科2021中国大学专业排名获评B+专业，跻身前20%。在最新的ESI排名中，植物与动物科学、农业科学两个领域新晋全球前1%。生物科学专业获批国家级一流本科专业，食品科学与工程专业和生物工程专业获批省级一流专业。获得首批国家级一流本科课程，同时获得省级一流课程多门。

2021年年底，在全院师生员工和广大校友的热切期盼中，我们学院搬迁至东山新校区，办学空间进一步拓展，教学科研条件得到极大改善，新环境更有新动力，师生精神面貌有了极大改观，凝心聚力，呈现一片团结奋进、蒸蒸日上的美好景象。

刚才讲述了学院的学科、专业和课程的建设与发展。接下来，我想和大家聊一聊，在工作之余，如何在山大坚持体育锻炼。不管是在国内南开大学还是在国外芬兰赫尔辛基大学，排球是我一直坚持的运动，算下来也有近40年的历史了。当第一次在山大的北操场看到一群教师、学生在一起开心快乐地打着排球，心里就有一种强烈的愿望——加入这一队伍中一起锻炼身体，一起"快乐排球"，我现在还是南开大学教工排球俱乐部主席。随着大家渐渐熟悉了，也开始酝酿山西大学要建一个教工排球俱乐部。终于在2021年4月14日，山西大学教职工排球俱乐部成立了。

记得成立的那天气氛非常热闹，爱好排球的教师们也有了自己的俱乐部。这要感

谢学校工会领导的大力支持，也要感谢体育学院领导的支持。在接下来的日子里，球员们坚持在相对固定的时间一起锻炼，一起比赛。不但加深了了解，增进了友谊，而且促进了工作的高效率。

来山大生科院工作这段时间，我更加体会到"家和万事兴，人勤百业旺"。大生物学科由一院三所（生命科学学院、生物技术研究所、应用生物学研究所、生物医学研究所），再加上杏花村学院和合成生物学学院，迅速发展成"三院三所"的大生科格局。在恰逢山西大学建校120周年，又是进入双一流建设高校的始年，我们每一位山大生科人更加珍惜这样的契机，更加努力做好院所融合，共同谋划，携手共进，使生命科学更加快速地发展和成就。这就需要每一个生科人都把大生科当成自己的家，为了这个家的和谐、繁荣、发展，彼此合作，共同进步。

在"家里"自然要考虑到老同志、老教师，虽然他们退休了，但他们有的依然战斗在教学科研的第一线。他们退休了，但他们心里一直都还牵挂着学院的发展，都惦念着如何发挥作用，过有意义的退休生活。从学院的角度如何来关心这些老教师？我们曾组织了退休教师"倾尽丹心育桃李，奉献韶华铸师魂"的荣退会，倾听他们对生命科学学科建设与发展的真知灼见。

我们在新校区还特别安排了离退休教师室，希望他们常来学院，感受家的温暖，感受生科人那份真挚的情谊。

在"家里"更多的人是我们的在职老师和学生。他们对学校学院活动的积极参与，可以增强集体的凝聚力和向心力。2021年山西大学第三届教职工软排比赛，学院领导班子成员带头组织并参与其中，主力教师积极训练备战，啦啦队教师暗练内功，每场必到，为队友加油鼓劲。让我感动的是上场队员只有6位，而场边的啦啦队有五六十位。

最终学院从参赛的42支队伍中脱颖而出，一路拼搏，拿到了第四名的好成绩。

随后，学院教师再聚人心，备战校工会、党委宣传部主办的"颂歌献给党 建功新时代"第二届教职工合唱比赛，经过坚持不懈地勤奋努力，最终获得乙组一等奖。

看着获奖的奖状和奖杯，我们心里澎湃激荡，它的背后是每一位教师忘我苦练的凝心、集体荣誉的凝聚、努力担当的凝结。当大家为了学院集体荣誉而上下求索、团结奋发的时候，自然也会自觉自愿地为学院的学科和专业的发展，为教育教学的改革贡献自己的才智与力量。2021年，两门课程申报国家一流课程，四门课程评为省一流课程。获省级教学成果一等奖1项、校青年教师教学竞赛一等奖。生物科学系被评为校优秀基层教学组织，获批省教改创新项目5项。升学率显著提高，各专业考研率都超过

50%。获批山西省教育厅产教融合研究生联合培养基地1项、研究生创新项目22项，教育教学改革课题2项。获山西大学研究生教学成果一等奖1项。这些成绩的取得，都呈现着教师的凝聚力和向心力，是"家"的主人翁精神的充分展现。

说到家，自然会想到家的亲朋好友，也让我想到南开大学，想到我曾经工作20年的微生物学系。2021年的五月，花团锦簇，南开大学生命科学学院教工微生物学系党支部及学院其他支部的师生代表一行25人，来我们学院与教工二支部开展了"支部共建学党史、合作交流促发展"主题党日活动。

在交流会上，南开大学党支部书记潘皎作了主题报告，回顾了南开大学的发展历程，再现了西南联大的奋斗史，展现了南开新风貌。山大生科院组织员任有辉老师，回顾了山西大学与南开大学深厚的历史渊源，讲述了南开大学曾经支持山大发展的动人故事。山西大学在百年的曲折发展中，山大师生饱含强烈的民族意识和家国情怀，以国家、民族需要为己任，扎根于中国大地、扎根于人民，自强不息，豪情满怀，为中国高等教育作出了应有的贡献。这次交流学习活动，内容丰富，感触深刻，学史明理，收获颇丰。南开师生代表先后参观了山西大学生命科学学院、山西省爱国主义教育基地"集体化时代农村社会综合展"、校史馆和姚奠中艺术馆，并在山西大学堂仿古建筑前合影留念。这次活动进一步加深了山西大学与南开大学的友谊，加固了两校的合作与交流，加深了生科人浓浓的亲情。

随后，天津市细胞生物学会派出15位优秀专家学者来山大生科院进行学术交流，专家们精彩的报告，给我们带来了细胞生物学领域国际上最新研究进展，让我们感受到有组织科研的魅力和"赢利"，为年轻的教师搭建了更广阔的合作平台和桥梁。

　　交流活动后，大家赴国家级酒文化学术活动示范基地汾酒博物馆参观学习。汾酒博物馆在原有的酒史博物馆基础上扩建而成，活灵活现的立体投影、栩栩如生的巴拿马获奖情景、别具一格的现场酿造展示、琳琅满目的酒器酒具，充分展示了杏花村汾酒文化的悠久历史和辉煌成就，我们深深领会了汾酒集团"以诚信为核心内涵，以清香为文化大旗"的企业文化。

　　山西的清香白酒，是那么的清醇和曼妙。杜牧的一首《清明》"借问酒家何处有，牧童遥指杏花村"，让杏花村成为酒文化的代名词。为了响应国家政策，加快山西省创新驱动转型升级，锻造汾阳市白酒产业文化传承与跨越式发展的内生驱动力，树立杏花村品牌，发挥山西大学产学研用服务地方产业的优势，经汾阳市人民政府、山西杏花村汾酒集团有限责任公司、山西大学三方友好协商，共同建设山西大学杏花村学院，并于2019年12月28日揭牌。我很荣幸成为山西大学杏花村学院院长，第二次接到黄桂田校长颁发的院长证书，心中自然又是激动和沉甸甸的压力。

　　杏花村学院建立之初旨在将学院打造成"四个高地"：具有国际视野和前瞻思维的白酒人才培养高地、具有变革性的白酒技术创新高地、具有国际前沿科技成果的白酒研发转化高地、具有全球影响力的白酒产业发展高地，成为开放式、国际化的教学实践场所、科技创新引擎和高端服务平台，全力推进汾阳市白酒产业转型升级和高质量发展。学院以现有生命科学学院"一院三所"全体教师资源为主进行整合，聚焦酿造产业转型升级和跨越式发展，打造涵盖本科、硕士、博士层次的全方位人才培养体系，建立了"院士工作站"，聘请了国内外行业专家学者组成学术委员会。2021年12月28日，山西大学杏花村学院酿造产业科研平台延伸基地在汾阳杏花村经济技术开发区挂牌成立，标志着山西大学杏花村学院在校地合作和社会服务方面又迈出了坚实的一步。

双方将围绕人才培养、科学研究、社会服务、产业服务、进修培训等方面开展深入交流与合作，积极推进产学研合作，这对于山西大学杏花村学院以及汾阳支柱产业的发展具有重要的意义。学院以"弘扬白酒文化历史传承、引领行业创新跨越发展"为使命，在促进校地合作的同时也不忘加强与各大酒企、行业协会的合作。

通过整合各方力量，建立多种形式的长期合作机制，共同推进白酒行业标准制定与白酒国际技术标准体系的建立，规范市场行为，提升行业发展水平，推动白酒产业高质量发展。

　　"雄关漫道真如铁，而今迈步从头越"，山西大学杏花村学院作为一个年轻的现代特色产业学院，必将在未来的发展道路上，狠抓内涵建设，在产教融合协同育人、产业技术联合攻关、师资队伍建设、实践基地建设、成果转移转化等方面求突破、上台阶、开新局，为山西转型发展贡献自己重要的力量。杏花村学院学术委员会主任孙宝国院士在2021年夏天第二次学术委员会上，充分肯定了杏花村学院建院以来取得的突出进展，基本完成了既定的发展任务，同时，也提出了五点建议和希望：一是坚定依托汾阳市和汾酒集团办学，立足山西、立足白酒产业；二是加强优秀平台建设；三是以问题为导向解决实际问题，使企业满意、产业满意；四是加大科普宣传；五是加强国内外合作与交流。

　　谈了学科，谈了教学，谈了科研，这一切都离不开青年教师的培养。我们除了引进高端的人才之外，也应该培育青年教师人才。为增进不同学科之间的交叉融合，推动青年教师共同开展前瞻性、创新性的学术研究，激发青年教师的学术热情和潜能，全面提升生命科学及相关学科的科研创新能力，山西大学生命科学学院于2020年9月发起了"生命科学交叉学科青年学术沙龙"系列活动。

　　四个学期成功举办了27期，每期沙龙邀请两位主讲人，共邀请了54位主讲人，服务师生超过2600人次，收到了较好的效果。回顾起来，沙龙主题经过四个阶段：第1—8期，邀请了本校生物学科一院三所的16位青年科研人员，侧重促进本学科青年学者内部的交流；第9—14期，除了邀请生物学科青年教师外，还邀请了校内相关单位，如化学化工学院、中医药中心、激光光谱研究所、复杂系统所的青年科研人员，旨在推动学科交叉合作；第15—21期，沙龙实施了"薪火相传"计划，在邀请青年学者的同时，每期还特邀一位资深的生物学和食品科学学科带头人，助力青年学者迅速成长；第22—27期，先后邀请了来自北京大学、中山大学、中国农业大学、南方科技大学、湖南大学、上海科技大学的六位优秀青年学者和我校的6位优秀青年学者，旨在促进我校师生与国内领域内杰出学者的交流，提升学术水平，扩大我校生物学和食品科学学科在本学科领域的学术影响，同时，这一阶段，沙龙采取线上、线下相结合的形式，方便了更多的老师和学生参与。接下来将开展28—33期的沙龙活动，我们将会每期邀请一位国内一流高校的院长来沙龙开讲，传道授业，营造更加良好的学术氛围，进一步推动了学科的交叉、融合和发展。

　　借助这些学术交流，加快了青年教师在学术科研方面的进步。同时，他们的朝气蓬勃也表现在课程思政、教学教改、教学成果的成就。

在大家庭里面，我们生科的学生，勤奋努力，刻苦学习，全面发展。在学业上、科研训练上、科研论文上，全国生物科学的创新创业大赛上，互联网+大赛上取得了优异的成绩和非凡的进步，为生命科学学科学业的发展贡献了自己的青春力量，谱写了青春华章。

青年人是祖国的未来，他们的快速成长，不断获得国家级和省级的人才荣誉，为生科的未来发展储备了力量，打下坚实的基础。我们还有很多的青年人，在历史的大潮中，勇于发挥自我，担当使命，"托起明日的朝阳"。我看到了学院团结向上的氛围，看到了青年人追求卓越的干劲，也看到了国内外高等教育飞速发展的现状和趋势。

山西大学给了我施展才华和人生经历的机会和平台，感谢山西大学、感谢山大生科人，感谢关心、支持、帮助我的所有老师们、同学们和朋友们。我们要继续坚持立德树人，扎根中国大地办大学。相信我们年轻的一代一定能够成长为祖国的栋梁，为党和人民的事业贡献自己的青春力量。在山西大学120周年校庆之际，让我们在奋进"双一流"新征程上继续勇毅前行，一起高歌"豪饮一路风雨，托起明日朝阳"。

钱宇华

热土之上　赓续山大理想

演讲者简介

钱宇华，博士，教授、博士生导师，山西大学大数据科学与产业研究院院长，山西大学科技处处长，山西省机器视觉与数据挖掘工程研究中心主任，计算智能与中文信息处理教育部重点实验室副主任。国家高层次人才，全球高被引科学家，国家优青，三晋学者，山西省中青年拔尖创新人才，教育部新世纪人才，山西省学术技术带头人，省委联系的高级专家。担任中国人工智能学会粒计算与知识发现专业委员会副主任，中国计算机学会人工智能与模式识别专业委员会委员，中国人工智能学会知识工程与分布智能专委会委员，中国人工智能学会机器学习专委会委员，中国计算机学会CCF优博论坛主席等。

近年来，主持和参与国家重点研发计划、国家基金重点项目、国家基金优秀青年基金、教育部新世纪人才项目、国家基金面上项目等国家级项目20余项。围绕机器学习与数据挖掘、机器视觉与信号处理、人工智能安全等领域中的前沿基础理论与核心关键技术开展研究，先后在国际重要学术期刊发表论文100余篇，获发明专利4项。曾获得山西省科学技术奖（自然科学类）一等奖，教育部宝钢教育基金特等奖，CCF优秀博士论文奖，"山西五四青年奖章"，全国百篇优秀博士论文提名奖。2018—2021年，连续4年入选科睿唯安全球高被引科学家，培养的博士多次获得省部级优秀博士论文奖。

忆往昔，中西会通，求真至善，自有风雨话沧桑。看今朝，登崇俊良，自强报国，更有辉煌誉五洲。2022年是山西大学建校120周年，这是多少人拼搏奋斗、栉风沐雨的120年，是多少人心血铸就、历久弥新的120年。在这里，我想跟大家分享些山大人、山大情和山大魂，愿我们不忘桑梓鱼水情，共念母校培育恩。

我生于山西长于晋城，在晋城一中读书时参观校史馆，了解到晋城一中的前身是崇实中学，其创办者马骏曾担任山西省民政厅厅长、教育厅厅长、实业厅厅长等职。

很多人不了解的是早在1902年，马骏先生就曾在山西大学堂西学专斋读书，毕业后以第一名的成绩考取了"官费留英"，去英国牛津大学就读。为了学习西方的科学知识默默忍受着不公平待遇，他用诗句抒发着自己的愤怒："受天大任应如是，岂以区区挥铁戈。"

孙中山先生到了英国后，马骏先生就加入了同盟会。回国后，他以家许国，创办了崇实中学，走上了抗日救亡的革命道路并对辛亥革命起到了重要作用。马骏先生作为山西大学堂成立后的第一批学生，不仅是一位优秀的学者、先进的探索者，也是参与了20世纪中国第一次历史性巨变，为此后革命打开了道路的革命先驱和爱国英雄。这么一位不畏牺牲、胸怀天下的前辈，正是我对山大人最早的认知。

马骏先生的事迹，让我对山西大学的厚重历史有了最初的认识，也在我的心里埋下了一颗萌动的种子。

1996年，我来到山西大学读本科，此后，读研、读博、从教。"情不知所起，一往而深"，山西大学这四个字，已经在不知不觉中与青春韶华、理想信念紧密相连，成为我不可分割的一部分。

记得研一的时候，一个夏季酷热的上午，有一位白发苍苍的老人推着一辆满载厚厚书籍的自行车费力而坚毅地从文瀛四斋前走过。那一瞬间让我思绪万千联想到了很多，比如朱自清先生的《背影》、父亲的身影……看着他颤颤巍巍的身影，内心实在不忍，赶紧上前帮忙。那些崭新的沉甸甸的书籍很小心地用纸隔着表面和底部，直到帮他搬到家里的时候，随着那些纸页移动才看到是一本本崭新的《毛泽东诗词详解》。

走进老先生的家，入眼是满屋子的书籍，桌上摆着，柜里存着，凳上放着，角落铺着，很自然地流露出文人气息，在最稀松平常的生活场景中窥到他对知识的追求，触摸到他对文化的向往。老先生很和蔼地跟我聊起来，问我的专业，聊学问，后面还赠书勉励，这才知道他就是山西大学著名的国学大师靳极苍先生。

我甚至不敢相信名士宿儒的靳极苍先生在日常生活中这般简单质朴，要知道当时他已经98岁高龄了，还在伏案执笔著作，笔耕不辍，求索着，钻研着，这是多么的难能可贵！这难道不是在跌宕起伏中，一以贯之追求真理，在耄耋之年仍心向苍穹？

"吾生也有涯，而知也无涯"，他终其一生对学术的叩问，这种学术使命感，这种孜孜不倦一生求索的热忱精神燃起了我心中求学的熊熊火苗，吾亦心向苍穹！一名年迈学者尚有矢志不渝、笃行不怠的治学精神，身为新一代的学术青年，更应该学习他的这种治学精神，将大师的"学脉"薪火相传下去，守护好这一抔学术热土。

如果说靳先生是敦促我不断前行的启蒙者，那么我的恩师梁吉业老师就是让我明白什么是"非弘不能胜其重，非毅不能致其远"的鞭策者。说起和梁老师的相熟还挺有意思的，念本科的时候，梁老师给我们带《概率统计》和《离散数学》这两门课，课间只要有时间，梁老师总要和我聊上几句，大概是普通话不太标准，乡音相似才迅速拉近我们的距离，这样一来二往毫无障碍地沟通后，我们就熟悉了。

那个年代每个家庭都很不容易，父母为了养育我们兄妹含辛茹苦，我总想着赶紧成长起来，本科毕业后为了能减轻家里的担子，还清上大学借的学费，我没有选择继续读研，而是选择考入薪水还不错的中国农业发展银行晋城市分行。

"奋斗从未停歇，追梦永不止步。"2001年，听闻梁老师从西安交大博士毕业回来的消息，我赶紧联系了老师果断地报考了山西大学的研究生，就这样又成了梁老师的研究生，再续前缘。老师为人宽厚和善，但在学术方面却一丝不苟，受此感召，我这样一读就是9年。

2008年博三的时候，考虑到已经录用了7篇SCI、1篇《中国科学》，并获得了教育部宝钢教育基金特等奖，就去跟梁老师申请博士毕业，结果他委婉地没有答应，而是鼓励我，要站在国际最前沿去做研究且要做出更高水平的成果。既惊讶于梁老师竟如此信任我，又担忧这个目标是不是有一定的难度，科学高峰没有最高只有更高，但勇攀高峰却是一个非常艰难的过程。

直到2010年，我提出了"特征选择加速器"并发表在国际人工智能旗舰期刊，这在人工智能上算是国内最早在该刊发表的论文之一。当再次满怀信心地走进梁老师的办公室，结果出乎意料，又是不让毕业，他说："你既然想要促进多粒度计算研究方向的形成，就要把它做成一个科研体系。"

"六年磨一剑，终到破茧成蝶时"，直到把多粒度认知机理揭示、表征机制发现、建模方法构建形成了一个较为完整的研究体系，才终于迎来了博士毕业的收官时刻。直到后来，这套理论体系被很多人所熟知和引用的时候，才真正意识到恩师要把我培养成"有志有恒有所成"的青年学者的良苦用心，后来有幸入选全球高被引科学家亦与博士期间的这些成果密不可分。

何为有志者？思想独立，心有高楼，为有志者。

何为有恒者？孜孜不倦，上下求索，为有恒者。

何为有所成者？悟得至理，自成体系，为有所成者。

理想尚在远方，水平尚且羞涩，吾辈岂有不努力之理？正是山西大学这片热土的养育、恩师的教导鞭策，让我坚定了在山西大学长期任教的想法。

计算机专业的应用性强，毕业生的就业空间和前景都很不错，部分学生会在毕业后选择工作环境相对稳定、薪水还不错的企事业单位就职。从学校科研培养的角度来说，其实是有遗憾的，因为人才有限，科研团队的后备力量就没那么充足，相应地也会减弱学校学科的整体实力。

当时梁老师为了改变这个局面，提升整体科研水平，艰难申请到了学校计算机科学与技术学科的博士点，大幅度提升了教师的博士化率，尽可能保留科研中坚力量，搭建了科研的核心骨架，通过近20年的不懈努力让计算机学科慢慢前进到了学校学科建设的第一方阵。

2021年，计算机科学与技术学科申请到5个国家级重点项目，这放在十几年前几乎是不可能的事情，在此之前好几年拿1个重点项目都觉得很厉害。倍感振奋与自豪的事不止于此，最初国家基金委的会评专家中是看不到山西大学的身影的，但是现在我们已经有5个会评专家，这些变化无一不在证明山西大学在成长，在崛起。这些变化不是一蹴而就的，是时间的累积，是无数教师和在校工作者踔厉奋发，求真务实，团结一致，挥洒热情，奉献青春才拥有的！

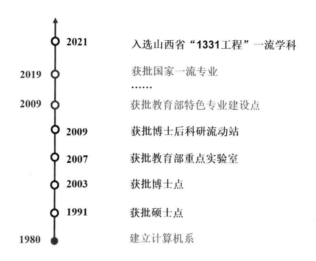

2021	入选山西省"**1331工程**"一流学科
2019	获批国家一流专业
	……
2009	获批教育部特色专业建设点
2009	获批博士后科研流动站
2007	获批教育部重点实验室
2003	获批博士点
1991	获批硕士点
1980	建立计算机系

2022年，是我来到山西大学的第26年。20多年弹指一挥间，在人生的刻度上它是对努力和坚持的一份馈赠，也是对时代变革、学科奋进的一份洗礼。"去国十年老敬，少年心"，山西大学再也不是当初的山西大学，我们也已不是当初的少年，但不论岁月怎样轮转，山大魂永铸，而我们始终初心未改。

相信很多计算机人都听过一个名字：刘开瑛，他不仅是山西大学计算机系的创始人，也是我国自然语言处理领域的主要开创者之一。2012年，我申请去当中国计算机学会人工智能和模式识别专业委员会委员，专委会主任介绍发展历史时，提到"本专委会早在1986年在山西大学成立"，我被深深震撼，原来早在1986年刘开瑛老师就带领山西大学计算机学科在人工智能领域占据了一定的学术地位，引领科研同行为科技事业创新发展作出群体性贡献。

人工智能作为国际科学研究中最前沿的学科领域之一，其发展先进性与区域经济发展有着密切联系，比如在科学研究配置方面，相较山西省，一线发达城市能得到更多的资助去做深层次的研究，所以在这个学科领域我们山西其实资源信息是相对滞后的，要比肩一线发达城市很有难度。

可是就是这样一个前沿领域，居然早在1986年就已经让山西大学崭露头角，让人工智能国内学术界对山西大学刮目相看。这说明什么？说明我们的思想是进步的，超前的。老一辈科学家并没有因为这些客观困难停滞自己的脚步、束缚自己的思想，反而拼搏开拓，勇于创新，堵命运的"枪"，一腔孤勇，做领域的"开辟者""无畏者"。在历史条件局限下，山西大学都能这么牛，成为人工智能领域的"红船"，那么时代进步，无数青年学者奋勇争先，还能辱没山西大学的光环吗？

2011年博士毕业答辩时，那时已经80岁的刘开瑛老师，坐在答辩委员席对我说："咱们计算机未来是有希望的，一批批年轻人会顶上来，咱们山大也能做出来不一样的研究。"这句话，是老一辈最诚挚的心声，也是他们对后辈的殷殷期许！2022年，刘开瑛老师辞世。如果说陪伴是最长情的告白，那么刘老师对山大这种真挚深沉的爱，直到高龄还心系山大未来，就是学者的责任、先辈的情怀，就是淳朴的山大魂！

"漫漫薪火相传路，悠悠征程在青年"，悠悠九十载，漫漫山大情。他把自己一辈子的热情都挥洒在山大这片热土上，让精神浇筑学术的丰碑屹立不倒，用思想之光照亮莘莘学子的前进之路。

每每提到的与山西的情感链接和与山西大学的不解之缘，真的非常奇妙，这个奇妙之处在于那些你所有经历过的成长和选择，你的学生都会再次经历。感念陪伴我继续成长着的孩子们，无论是博士、学硕还是专硕，不论是有保送资格的，还是海内外考过来的，学术能力在学校和全国都很牛，做出的成果都非常出彩，让我颇为欣赏、倍感欣慰。我们不仅是师生，更是战友和家人，"静心 净行 竞新 敬信"就是我们的队训和座右铭。

下面是他们毕业论文中致谢部分的内容："与日月星河相比，人的一生太过渺小，然而生命是有限的，而科研是无限的，要敢想敢干和敢闯，科研可以使人心中有日月、眼中有星河。"

"学习是一种品德，创新是一种信仰。我们做科研，要有工匠精神，静心、净行、竞新、敬信，要敢于直面本领域的瓶颈问题，要探索问题的根儿是什么，更要爱惜自己的学术羽毛，不做修修补补的工作，要为自己的独特'学术标签'奋斗。"

他们来到山大也曾刻苦求学，努力拼搏，经历青春，塑造自己，毕业的时候，也要作出慎重的选择。尽管能展现他们能力的平台越来越多，也开出了越来越丰厚的条件，但毕业的时候即便留校名额有限，还是一致优先选择坚守山大。近几年留校的条件越来越严格，不仅得是本届博士中最优秀的，还得跟学校其他学科中选出的优秀博士共同竞争，优中选优才能留下。如果留不下，有些学生就想着去镀个金再回山西大学任教。

我第一届毕业的一个博士生，现在山西财经大学工作，2020年毕业的时候，很多省内外的大学都给她开出了极为优厚的人才引进条件，然而她和我说："老师，到哪里都要做研究的，我就在财大吧。这样我可以天天坐在我现在的实验室，能和DIG团队的老师们、师弟师妹们一直在一起。"这让我非常感动。其实所谓学术进步，不就是由这些优秀的学生一起努力开创的吗？有新的优秀学生勇担责任，坚守母校，就不怕培养不出新的有志之士，只要这份情感链接不间断，这份传承就还在。

习近平总书记说过，"中国梦是历史的，现实的，也是未来的，是我们这一代的，更是青年一代的"。简短的一句话道出了中国梦永远存在，追梦人一代继一代，山大梦亦是如此。热土之上，还需要年轻一辈赓续山大理想。正是无数像马骏先生、靳极苍先生、刘开瑛先生、梁吉业老师，这样恪守、敬守、遵守学术初心，勇于担当的前辈们对后辈们提出高标准、高要求，激发了后辈的使命感，才诞生了新时代的承梦者和继梦者。无论现在还是未来，吾辈青年都应像前辈们年轻时一般，无论肩上的担子有多重，都应无畏无惧，负重前行。

学习是一种品德，创新是一种信仰。我们要把创新当成一种信仰去呵护，或许未来我们不能像前辈们那样名留史册成为时代的楷模，但也应在这场马拉松的征途中，静气凝神，沉淀打磨，继承和坚守前辈们伟大的科学情怀与科学家情怀。以他们的精神作为筑梦的"铁冶"，守护这方热土，不负青春韶华，不负生而为中国青年，为伟大祖国的繁荣昌盛倾尽全力！

最后，在欢庆山西大学120周年校庆之际，愿山大热土之上，赓续山大理想，祝母校未来征程开创新的辉煌！

胡英泽
我在山大三十年

演讲者简介

胡英泽，男，山西大学中国社会史研究中心教授、博士生导师。国务院特殊津贴专家，国家级青年人才，教育部新世纪优秀人才，山西省"三晋英才"拔尖骨干人才，山西省学术技术带头人。全国百篇优秀博士学位论文提名奖获得者。兼任中国史学会理事，中国社会史学会理事，山西省历史学会秘书长。科研方面，长期从事社会史研究，主持国家社会科学基金项目、教育部人文社会科学研究项目多项，出版《流动的土地：明清以来黄河小北干流区域社会研究》《凿井而饮：明清以来黄土高原的生活用水与节水》《传统与变革：20世纪五六十年代山西乡村社会研究》等学术专著4部，在《历史研究》《近代史研究》《中国史研究》等权威期刊发表论文30余篇。曾获山西省社会科学研究优秀成果一等奖，山西省"百部（篇）工程"一等奖等奖励。教学方面，主讲的"区域社会史导论"入选国家精品课程，曾获宝钢优秀教师奖、山西省优秀研究生指导教师。党建方面，担任党支部书记，社会史研究中心教师党支部入选首批全国高校"双带头人"教师党支部书记工作室。

老师们、同学们、校友们：

大家好！

我叫胡英泽，是山西大学的一名教师，现在山西大学一级科研单位中国社会史研究中心，从事研究和教学工作。2022年是我在山西大学的第30个年头。我就以《我在山大三十年》为题，和大家一起分享，我在山大30年学习、工作、成长的经历和体悟。

山西大学中国社会史研究中心"鉴知楼"外景

初生牛犊

2022年是山西大学建校120周年，30年前，也就是1992年，我进入山西大学，成为历史系的一名新生。当年，正值山西大学90华诞，校庆日定于九月初，延迟新生报到或可缓解学校工作的压力，所以，我们那一级的学生入学比较晚。考取其他学校的同学都已走了，我还在家等待，有些冷清。当然，知道90年校庆和开学迟的原因已经是后来了。

脱下军训服，走进主楼的教室，开始上课。当时，我们的教室并不固定，几个年级有时共用一个教室，上一堂课的老师还没有下课，下一节课的学生已在外面等候，哄哄闹闹，有说有笑，是常见的情形。有一天，当我来到101教室外面时，先到的同学已在楼道挤做一堆。见此情形，出于善意的提醒，我就敲了几下门，又从前门走到后门，站在门口等着下课。这时，门一下子开了，我以为是下课了，想着可以进教室上课，出乎意料的是，从里面走出来一位老师，直冲着我而来。

"刚才是你敲门吗？"

我说："是！"

"你为什么敲门？"

"已经过了下课时间。"我有些理直气壮。

"敲一次就行了，一直敲什么？"

答曰："我只敲了一次。"语气很无辜。

老师一脸生气地告诉我，不只我一个人敲了门，这下坏了事。

或许是我的回答并没有平息老师的怨气，他又把我叫进了教室。

"你是哪一级的？"

"92级的。"

"你叫什么名字？"

"胡英泽。"

一问一答间，教室里的学生都看着我，有的还在笑，眼睛的余光可以辨认出，这是91级的学生，里面有我的老乡。

"你走吧！"

于是，我退出教室，带上门出来，里面又继续上课。

不久，班主任张国栋老师（已故）向我询问"敲门事件"，我简单讲了经过。他说，上课的老师是行龙老师，你这样做是不礼貌的，行老师是晋南人，和你算是老乡，你去家里道个歉。这对于刚入学不久的大一学生而言，实在是个不小的压力。拖了几天，张国栋老师又问起此事，看来是不能再拖了。于是，我硬着头皮，揣着忐忑，去见行老师。

行老师当时还住在南平房，我一路打听，找到行老师的住所，进了家，赔礼道歉。原以为行老师要怎么样，不想，行老师说："没事，没事，没了。""敲门事件"就这样过去了。

这件小事，就是我和行老师的结缘，不料却是以此开始。现在回想起来，我那几下不经意的轻叩，可是向师叩问的懵懂？行老师那几句追问式的质询，或是对初生牛犊不怕虎的棒喝？多年以后，当我偶谈此事，行老师轻轻一笑，说："我都忘了，还有此事？"

后来，终于等到行老师给我们上课，课程是中国近代社会史。有了前面发生的事，我肯定要好好听，否则……到了最后一堂课，记得他对大家说，这是最后一堂课了，同学们对上课内容有不理解的地方，可以提问交流。我当时斗胆问："近代婚姻习俗变迁的脉络如何梳

2018年6月与行龙师在鉴知楼前合影

理？"他一条一条地讲述。不想，考试时就有相关内容，这门课，我拿了全年级的最高分。

当时，行老师已经在中国人民大学攻读博士学位。有一天，系里举办学术讲座，306教室座无虚席，等待戴逸先生、王庆成先生作报告。开讲前，只见乔志强先生、行老师陪着两位满头银发的先生走进来，两位先生安座后，行老师朝我们坐的地方走来，我连忙站起来，和他打了招呼。学术报告结束后，给学生留下一段时间提问，我这个愣头青站起来向戴逸先生提了个问题，戴先生耐心地回答。今天，这场学术报告的内容、我当时提的问题，都记不清了，只记得提问这件事。多年以后，行老师谈及此事，印象深刻，却让我惭愧不已。

我现在回想起来，大学四年还是充实自信、意气风发，自由地读书、写作，最令人怀念。我们上大学的时候，并没有觉得考研是必须的，考研氛围并不浓厚。读书的

风气倒很普遍，学生社团尤其是文学社团很活跃。

说到读书，谈到师生关系，我想起了卫广来老师。我们班大，分了两个班，卫老师课讲得好，但不带我们这个班。大二的时候，我对《老子》产生了兴趣，先是自己学习，后来听说卫老师对《老子》有研究，我就登门拜访，从此，就去他家里，我背一章，谈谈理解，卫老师再给我讲，大概有一年的时间，从《老子》到其他哲学，从哲学到史学，受益匪浅。"来而学不往而教"，学生主动请教，老师细心指点，还有什么比学习、读书快乐的事情呢？

说到写作，大学期间，我喜欢写散文，结识了学校各院系上下几届喜欢文学的朋友。我曾经担任《山西大学周报》文艺副刊的学生编辑，大概有两年时间，从选稿、排版、划版、校对都是由我负责，编辑部的张民省、樊开焕、石海红等老师，非常热心地帮助我。大学期间，我在《山西日报》《太原日报》《太原晚报》等报刊上发表了多篇散文和通讯稿。1995年，《山西大学周报》文艺副刊推出我的个人专版，推出学生专版的前后只有几个人，这是对文学创作有一定兴趣的学生的鼓励，也是一种荣誉。

1995年《山西大学周报》文艺副刊胡英泽专版

投身学术

1996年，我本科毕业留校，从事行政工作，先是在物电学院担任分团委书记、政治辅导员，后又调至校长办公室从事文秘工作。1999年校内改革，我又去学生工作部工作。在这几年的行政工作中，我常常怀念大学学习的时光，始终保持读书、学习的习惯，舞文弄墨的兴趣未减，偶有小作见诸报端。但当时的形势呢，行政人员学历上有压力，考研风弥漫。一次，行老师来校办，我谈及考研之事，行老师很干脆地讲："小胡就考我的研究生。"

2000年至2003年，我一边工作，一边读研，也就是在职研究生。在老师的指导下，我在工作之余尽可能开展扎实的田野工作，完成了硕士论文《从水井碑刻看近代山西乡村社会——以晋南地区为个案》。

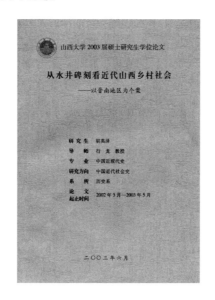

硬士学位论文《从水井碑刻看近代山西乡村社会——以晋南地区为个案》

其间，学校公布硕博连读的通知，我当时已有继续学习的打算，于是就找行老师商谈。那时名额有限，条件还不成熟，行老师殷切地对我说，不要着急，只要你是那块料，迟早会有机会的。

"不长不短行政路，亦苦亦乐社会史"，这是我对自己那几年的总结，加上一个横批，套用流行话语，可谓"转型发展"。2003年，我考取了中国近代社会史专业博士研究生，继续跟行老师学习。记得他曾约我长谈，嘱咐我上了博士以后，就要从行政人员转成教师，一辈子投身学术。我当时低声咕哝了一句，好好学4年。行老师斩钉截铁说，40年，几十年，一辈子。

从那时起，我算是真正开始进入中国社会史研究中心。

就我个人学术成长的道路而言，有三件事，也可以说是三个第一次，值得回忆。

一是在《近代史研究》发表论文。2005年，行老师带着我们，去青岛参加首届中国近代社会史国际学术讨论会。一天，晚饭之后，师生几个在青岛大学校园内散步，路遇《近代史研究》的徐秀丽老师，边走边聊。徐秀丽老师谈起会议论文约稿之事，行老师的论文、水井（拙文）、民间小戏的论文（韩晓莉）均在其列。这次会议参会论文近100篇，选中的只有七八篇，其中3篇是山西大学中国社会史研究中心的。

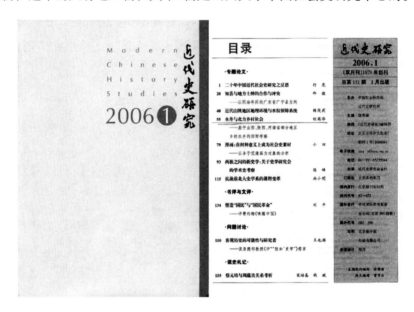

《近代史研究》2006年第1期刊发行龙、胡英泽的文章

　　行老师的《二十年中国近代社会史研究之反思》以及我的《水井与北方乡村社会——基于山西、陕西、河南省部分地区乡村水井的田野考察》，一起发表在2006年第1期《近代史研究》，这是我们学生当中第一个在《近代史研究》发表论文的。正值《近代史研究》改版，期刊面貌焕然一新，反复捧读不忍释手，这是我学术道路上稚嫩的一步。现在去知网检索，这篇文章是我所有论文中引用率、下载量最高的一篇。

　　二是申请到国家社会科学基金青年项目。在《近代史研究》发表论文后，2006年，我第一次申请国家社会科学基金青年项目，那时，心里完全没有底，感觉很为难，所以也是一拖再拖。到了快交材料的时候，行老师又催问，硬着头皮，抱着试一试、冲一冲的想法，围绕自己的工作反复琢磨，认认真真地填写申请材料，递交到学校社科处，成与不成，没有多想。2006年6月，我申请的"明清以来黄土高原地区的民生用水与节水"国家社科基金青年项目获准立项，消息传来，真是漫卷诗书喜欲狂！我是学校第一个申请到社科基金青年项目的在读博士。现在回想起来，年轻时不能没有冲劲，你不冲，你不试，怎么能行呢？

三是获得全国百篇优秀博士论文提名奖。从2003年开始，到2008年，我用时5年，在山、陕黄河两岸进行了大量田野考察，完成了博士学位论文《流动的土地——明清以来黄河小北干流区域社会研究》，2009年，拙文被评为山西省优秀博士论文，随后，推选为全国百篇优秀博士论文之一。2010年8月，全国百篇优秀博士论文评奖结果公示，拙文评为全国百篇优秀博士论文提名奖，至今是山西省历史学科唯一的获得者。

硕士、博士论文的写作都还只是一种学术的基本训练，"后博士"阶段的持续发力才能保持学术生命的长久。从2000年到现在，我扎根黄土高原，主要围绕三个方向开展相关创新性研究，发表了多篇论文。

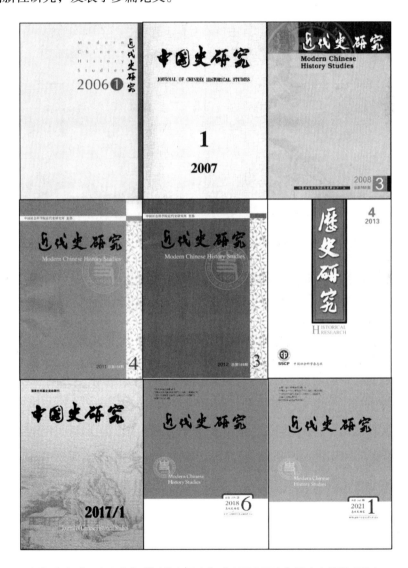

近年来在《历史研究》《近代史研究》《中国史研究》发表多篇学术论文

出版了几本著作，也获得了一些奖励、荣誉，得到学界同仁的肯定。

近年来出版的主要学术著作

一是历史时期鱼鳞册地权研究。通过田野考察、出国访学，我发现和搜集到大量珍贵的鱼鳞册资料，并将生态环境的视角，引入黄河滩地鱼鳞册研究中，针对学界影响较大的"太湖模式""关中模式"提出了创新性观点，作为我多年来地权研究的一个总结，著名学者赵冈先生、秦晖先生都给以积极评价。

二是黄土高原水利社会史研究。通过田野考察，我收集到晋、陕、豫、冀等地区大量的水利碑刻资料，进行水井、水池、水渠、水质、节水等研究，重点关注生活用水问题，并提出了"生活用水圈"的概念，这是研究黄土高原乡村社会的一个新框架。

三是集体化时代农村社会研究。在开展历史时期鱼鳞册地权研究的同时，我将时段下延，研究集体化时代农村社会，特别是土地改革问题。同时，开展了相关的数据库建设和研究。2013年，我在《历史研究》上发表了论文《近代华北乡村地权分配再研究——基于晋冀鲁三省的分析》，并获得山西省第九次社会科学研究优秀成果一等奖。

大家可能会发现，我的研究有几个特点，一是长期的田野考察，二是敢于进行学术对话，三是前后、左右的贯通。这是我开展学术研究所强调的几个本领，当然我也这样要求我的学生。这就涉及我所要和大家分享的第三方面，教书育人。

教书育人

教书育人是大学老师的本分。在学术研究的同时，我要求自己必须做好教学工作。作为一名大学教师，上课是基础，是本行，教师不仅要上课，而且还要上好课，不上课，上不好课，就不是一名合格的老师。

2003年起，我开始从事本科教学工作，牢固树立"立德树人，教研相长，走向田野，注重实践"的教学理念，多年来坚持为本科生授课，承担本科生、硕士生和博士生课程，主编、参编了一些教材，取得了良好的社会反响。

参编《区域社会史研究导论》，主编《区域社会史研究读本》

关于教书育人，我个人以为以下几点值得分享交流。

一是坚定政治方向。自觉遵守高校教师行为准则，贯彻党的教育方针。同时，积极探索课程思政。

二是坚持"教研相长"。加强课程建设，突出研究性与实践性相结合，把科研成果充分有效地引入教学过程当中，不断更新教学内容。早年，在行老师带领下，我们建设了《区域社会史研究导论》国家精品课程，建设了《区域社会史》国家教学团队。2014年，我创建了《中国现代社会史》研究生课程教学体系，把社会史教学理念引入中国现代史领域。2016年又创设了《地方文献传承与保护》实践教学课程。

2016年在《地方文献传承与保护》实践教学课上向学生演示拓碑流程

此外，我还投身教学改革，积极参与教改项目，不断改进教学方法，开展研讨式教学。

三是立足"走向田野与社会"。"走向田野与社会"可以说是理论、资料、方法，三位一体。田野工作是对一个人全方位的训练。多年来，我坚持组织学生开展田野考察，开辟田野课堂，不仅对农村遗留的历史文献资料进行抢救性搜集和整理，而且在田野中进行现场教学和社会实践，培养学生在现实中发现问题、解决问题和团队协作的能力。2013年以来，我们先后在永济、浮山、绛县以及太原赤桥村、沁河流域等地开展师生集体田野考察。2018年3月至5月，我带领部分老师和10余名硕士生，在岢岚县进行田野调查和口述访谈，2019年出版《我们这一年：岢岚县脱贫攻坚典型人物口述史》，这是学术研究和服务社会结合的一个努力。

2019年出版《我们这一年：岢岚县脱贫攻坚典型人物口述史》

四是启迪学术研究的本质。古之学者为己，今之学者为人。如何理解学者为己？我个人学术研究的一个深刻体会是，学术研究是为了解决自己的困惑。因此，历史学是什么？学术研究的本质是什么？这是我自己做研究、带学生最重视的内容。其中，批判性思维的训练尤为重要。我经常和学生阅读历史、哲学方面的经典，读老子、朱子，读马克思、库恩，在这个过程中，特别注意启发学生的批判性思维、历史想象力和细腻层次感，摒弃那些非历史化的思维，即单线的、片面的思维。这些听上去有些纸上谈兵，具体如何落到实处呢，那就要实战。对于我们而言，实战就是写作，会写学术论文。每次开会讨论，我要求学生不要讲最近读了多少本书，整理了多少万字的史料，而要说发现了什么学术问题，我们一起交流讨论。硕士生、博士生尤其要如此。然后，下次再讨论的时候，就要拿出一篇文章，尝试解决这个学术问题，并在写作中落实我刚才讲的那些"战术""战技"，以期达到启发学生，让学生自主钻研学问的目的，而不是灌输指导、过度指导。

"要怎么收获，先那么栽"。历史是一门诚实的学问，刻苦的学问。一个人可能有天赋上、资质上的差异，但只要甘愿"板凳要坐十年冷"，只要追求"文章不写半句空"，在山西大学，做学问的基本条件是具备的，学术成长的土壤还是有的。回想30年前，我还是一个刚入校的"愣头青"，那一年，乔志强先生的《中国近代社会史》由人民出版社出版，我还不知道什么是社会史。20年前，我成为中国社会史研究中心的一员，依然是"懵懵懂懂社会史，进进出出鉴知楼"。这些年，学生来了又走，像一茬一茫的庄稼，播种又收获。"希望本是无所谓有，无所谓无的。这正如地上的路，走的人多了，便成了路。"中国社会史研究中心的希望，山西大学历史学科的希望，在于一批一批学生的成长成才，在于越来越多的人走向中国社会史研究之路。

喜迎双甲子，共贺双一流，从19岁到49岁，从1992年到2022年，从学生到先生，我在这个校园里度过了30年的光阴，在山西大学的校史里行走了四分之一的路程。希望山西大学一些珍贵的学术传统薪火相继，希望登崇俊良、追求卓越的精神催人奋发。

王 兰
我和山西大学一起成长

演讲者简介

王兰，山西大学生命科学学院二级教授、博导。山西大学国家级生物学实验教学示范中心主任，山西省汾酒工程研究生创新中心主任，山西省动物学会理事长，曾任山西大学研究生院副院长（2000—2007）、山西大学生命科学学院院长（2007—2017）。宝钢优秀教师，首批国家级一流本科课程负责人，山西省"333"学术技术带头人和"三晋英才"、省教学名师、省优秀学位论文指导教师、省优秀教学团队负责人。中国动物学会细胞与分子显微技术分会常务理事、甲壳动物学分会理事。国家基金委第13—14届会评专家。先后主持国家自然科学基金9项，教育部博导类基金1项，山西省回国留学人员重点项目、省重点研发项目、省高校特色重点学科建设项目、省自然科学基金等35余项；发表论文300余篇，授权国家发明专利6项；获奖30余项，例如：山西省科学技术一、二等奖、三等奖4项，省教学成果特等奖、二等奖3项，省首届高校青年教师教学竞赛一等奖。培养博士、硕士117名。曾赴美国杜克大学、加州大学旧金山分校、旧金山大学、尼古拉斯州立大学，德国奥尔登堡大学、台湾海洋大学等高访，参加国内外教学科研会议92次、国际会议32次。

大家好！我是王兰，来自山西大学生命科学学院。

1979年，我考入了山西大学生物系昆虫学专业攻读学士学位，1983年以4年总分第一的成绩毕业留校工作。转眼已经40多年。目前在生物学大学科在职人员中，年龄最大，校龄最长，资历也最老。几十年来，亲眼看见了我校翻天覆地的变化，我为自己是山大人而骄傲和自豪！回顾自身成长的经历，饱含着母校的培养栽培和厚爱，心中充满了感激、感恩和感谢，有太多太多的故事了。

首先，谈一下我的求学经历。1979年进入山西大学，当年的分数线是1977年恢复高考至今最低的一年——262分，因为当年的化学题出得非常难。我高中就读于太原市第八中学，是快班的一名学生，在班级成绩名列前三也任班长。但遗憾的是，高考前夕我的母亲因为生病住院手术，我每天要去医院送饭，因此成绩考得不是很理想。入校后有一天，班主任雷庆霍老师跟我讲，虽然你的高考成绩不是最好，但是我看了你的档案，你高中学习一直很好，就当学习委员怎么样？1980年，我父母因为生病在一年之内双双离世。可以说大学的4年，其中3年我是在哥哥姐姐的关心照顾下，在老师和同学的帮助下，在班主任赵培文老师的鼓励下，坚强地走过了最悲痛、最艰难的日子。大学期间，我们专业的授课老师绝大多数来自现在的"双一流"高校。受父亲的影响，从小我立志当一名教师。1983年留校的时候，是留在了生物系动物学教研室，同时还兼任81级植物学专业的班主任和生物系分团委书记。赵赓先生讲授《普通动物学》，当时由我来助课，包括带实验课、批改作业、批改实验报告和指导海滨实习等。

　　赵先生给我留下印象最深的一句话就是：不论讲课还是做实验，还是去青岛指导海滨实习，对于我们老师而言是多次，但是对于学生而言是第一次。他要求我们每个实验都必须做预实验，不容易观察到的结构必须给学生示范。去青岛实习，赵先生作为领队，他走在前，采在前，讲在前，至今记忆犹新。大学期间，除了担任我们班级的学习委员之外，我还兼任生物系学生会文艺部部长，当时武维华院士是学生会主席。业余时间还参加我们学校百花艺术团的演出、乒乓球比赛及学校和系里组织的活动。

　　本科阶段求学最深的体会是：优秀的师资奠定了培养高质量人才的基础，作为一名学生首先要学习好，同时要尽可能地全面发展。面对变故，要学会坚强，要学会承受，在此过程中要成长。

　　1986年，我考取了赵赓先生的硕士生。因为1983年留校有一个规定，就是5年之内不能考取外校的研究生。赵先生1949年来到生物系，当时生物系只有14名教师。赵先生是北师大毕业的，他不仅是我的良师益友，更像父亲一样对我关怀备至。赵先生由于"文革"的缘故，在退休时才按照聘退给了教授资格。但是，他从来没有半句怨言，对待工作兢兢业业，认真负责，一丝不苟。青岛海滨实习，早上六点多返并，他不顾旅途疲劳，返回的当天就给本科生上课，而且是上午第1—2节课。赵先生敬业、奉献和负责的精神深深感染着我，鼓励着我。由于学位论文的需要，赵先生推荐我到中国科学院北京动物研究所、辽宁师范大学生物系学习了3个月，对学位论文的顺利完成帮助非常大。

老师引进门，修行在个人，师生关系，亦师亦友，言传身教，以身作则，热爱工作，热爱生活，向阳而生。

1992年4月中旬的一个星期五下午，我们生物系的例会开完后，系主任吕恩余教授把我叫到他的办公室说，学校为了提高教师的学历层次，要求每个系上报一名教师在职攻读博士学位。你学习好，功底扎实，系里决定把你报上去。当时我的儿子只有一岁半，白天在系里上课，晚上待孩子入睡后再复习，常常要学到凌晨一两点。我报考的是华东师范大学生物系原系主任堵南山先生的博士研究生，他曾任中国动物学会甲壳动物分会副理事长。我给他写信表达了自己想考他的博士研究生，他回信讲了三个意思：一是欢迎报考；二是对英语水平的要求非常高；三是如果录取了，如何处理好家庭和学业的关系？这三个问题也是在我考取博士研究生分数够了面试的时候，堵南山先生又问了我一次，我都圆满地回答了。当时堵先生就讲，只要你愿意来，录取没有问题。我心里非常高兴。

在华东师范大学攻读博士期间，我们学校的校领导，原校长郭贵春教授，当时郭校长还是校长助理（彭堃墀院士任校长）、刘铁桥副书记、徐志敏副校长都亲自去华东师范大学看望我们。依稀记得当时的情形，校领导对我们嘘寒问暖，并代表学校表达了希望我们博士毕业后回到母校，为学校的发展贡献自己的力量。1995年7月我博士毕业之后，考虑到山西大学多年的培养，考虑到校领导亲切的关怀，也考虑到家庭和孩子，最后毅然决然地回到了母校。

求学的经历使我深深体会到，打好基础，注重学习方法，抓住机会，奋力拼搏。

第二个方面，我想谈一下我的职业生涯。职业生涯可以说是丰富多彩的。我的特点就是教学科研并重。1995年，全国的博士生数量还非常少，留在上海或者是到一线城市的机会还是蛮多的，因为学校当时只有7名教师具有博士学位。但是，我没有后悔。1995年回来就被我们学校评为优秀青年学术带头人，并主讲本科生专业基础课《普通动物学》和高年级的《生物学文献检索与利用》。因为讲课效果好，特别受同学们的欢迎，1997年，我校文化素质教育基地的负责人宋彩萍主任找到我说，王老师你口才好，给全校非生物学科开设一门科普性的公选课吧。我当时就想，开什么好呢？基于生命科学与日常生活的密切关系，选定开设《生命科学纵横》。主要介绍动物多样性、食品营养与安全以及生物医学常识等。该课程一经开设就受到同学们的热烈欢迎，每个学期的报名人数都在300人以上，只能分成两个班，连续开设了3年。由于讲课效果好，由学校选拔代表理科，在1999年参加了山西省首届青年教师教学基本功大赛，我采用了双语教学。赛前，我试讲了不下10次。比赛当天，台下黑压压地坐满学生，评委老师就座前排。看到前面的选手站上去在黑板上书写内容的时候手都在发抖，声音也发颤，我不由得也紧张起来。终于轮到我了，我先深深地呼了几口气然后开始讲解。比赛时长20分钟，在我落下最后一句话的最后一个字的时候，提示铃声响了。经过激烈的角逐，终于夺得山西省理科组第一名、获一等奖并荣立二等功，为学校争得了荣誉。

特别值得一提的是2020年，我负责的课程，获批国家首批一流课程，我们全校有7门，含虚拟仿真2门——物理、生物。成绩的取得，可以说付出了大量的时间和精力。因为在2015年我就开始着手准备，并且多次参加全国虚拟仿真实验教学研讨会进行学习交流。2019年，我们学校上报教育厅5门课程，经过全省的专家评选，我选择的斑马鱼早期胚胎发育重要阶段观察虚拟仿真实验，最后获批国家级一流课程。成绩的取得离不开省教育厅、学校和学院的大力支持，离不开团队教师的辛勤付出，还有研究生的协助、本科生的参与，离不开好的选题和顶层设计。在教学方面，我经常参加教学工作会议。在科研方面，1999年，当时我还是副教授，获批了第一个国家自然科学基金面上项目，之后陆续主持并完成了9项国家自然科学基金、1项教育部博导类基金，还有省留学基金重点项目、省农业与社会发展重点项目等。山西省高等学校科技进步一等奖、优秀成果一等奖，科学技术（自然科学类）二等奖、三等奖等。还兼任了第十三、第十四届国家自然科学基金委生命科学部会评专家。在此期间，我组建了教学科研团队，由12名教授、副教授和讲师组成。早在2008年就获得了山西省"333"

学术带头人，当时我们生物学只有我一个人。现在我们生物学一共有两人获得此殊荣。2018年获得了"三晋英才"第二层次骨干人才，是省优秀研究生指导教师，2003年获得，还有山西省模范青年知识分子等。几十年的体会就是：教学和科研要两条腿走路，教学也好，科研也好，要仰望天空，脚踏实地，刻苦钻研。只有坚持不懈，才可以厚积薄发。

受国家留学基金委的资助，2005年，我赴美国加州大学旧金山分校进行访学，师从美国科学院院士Dr. Coughlin教授，在Coughlin教授的实验室，结识了多名著名科学家。其间有幸去加州大学伯克利分校、哈佛大学进行交流学习。在旧金山大学还听取了2门本科生课程（电镜技术、细胞显微技术与方法），主要是为了锻炼自己的语言表达能力，为今后在山西大学生命科学学院双语教学、英语教学打下基础。在2011年和2017年，分别由山西省留学基金资助，赴美国杜克大学、尼古拉斯州立大学进行高访。2014年，去德国奥尔登堡大学生物系进行交流，并且多次赴美国的高校和研究所进行学习交流。经常参加国内外的学术会议。据不完全统计，国内外学术会议大约有92次，其中国际会议32次。参加国际会议对了解学科前沿、扩大学术影响、结识同行专家是非常有帮助的。到目前为止，我们团队先后引进了12名来自美国、英国、德国、俄罗斯等国家的高层次特聘教授，并建立了长期的合作关系，也为青年教师、博士研究生和硕士研究生的培养搭建了平台。目前已培养107名硕士和博士研究生，5名博士后，其中不乏优秀的毕业生。我经常带他们参加国内外学术会议，锻炼他们的口头表达能力。学生在参加学术会议的时候，我有一个要求，什么要求呢？就是要参会必须作报告，或者是poster（墙报展示）。听完报告之后，回到学校，要给团队的师生汇报开会的体会，还有整个大会的情况。而且，要求研究生听讲的时候要提问。在研究生的培养过程中，也鼓励学生在完成学位论文的同时，积极参加学校和学院的各项活动。例如：博士生王二梦参加我校第三届学术5分钟的演讲比赛，获得了全院第一名，并代表学院参加了学校的比赛，获得三等奖。

读万卷书，行万里路，又见树木，又见森林，开阔视野，走向世界，结识专家，建立联系。

第三个方面我想谈一下业务和行政双肩挑的体会。我是1999年参加了山西大学全员竞争处级干部的选拔，在2000年的1月份，去研究生院当时还叫研究生处任副处长。1999年全校处级干部竞争上岗，也是我们学校首次实行的一个政策，非常受欢迎。当时因为研究生处缺一个副处长，有8名博士生竞争，其中包括我。现场需要8分钟的竞职演讲，包括个人简介、为什么要竞聘、优势是什么、将来怎样去工作。经过激烈的演讲、陈述，有幸在2000年1月去了研究生处。在2000到2007年8年多的时间里，我配合校领导、研究生院和生命科学学院，经历了3次博士学位点的申报（2000年，获批生物化学与分子生物学、生态学博士点；2003年，获批动物学、植物学博士点；2005年，获批生物学一级学科博士点），也取得了巨大的成绩。

要抓住机遇，在不同的场合，宣传我们山西大学。在研究生院的时候，我记得2003年代表山西大学去参加全国学科建设研讨会，当时大会只安排了部分985高校的管理人员进行交流。但是，在会议的最后，主持人问道：有没有地方院校的也介绍一下你们的经验？这个时候会场鸦雀无声。我记得我和太原理工大学研究生院的王书记坐在一起，出于礼貌我对王书记说，您代表山西讲一下怎么样？她说，王处长你给讲讲吧！于是，我举手表示希望发言并走上了讲台。用短短5分钟的时间，介绍了我校学科建设、人才培养和导师管理等方面的做法和成绩。听到台下响起了热烈的掌声，还有一种意犹未尽的感觉。会后，有高校的老师跟我讲，原来山西大学研究生工作做得这么好！

一晃在研究生院工作了8年之久，到了轮岗的时间，我被派遣去生命科学学院做院长。从2007年到2017年任院长10多年，在学校的大力支持下，在大家的共同努力下，一年一个新变化，一年一个新台阶。比如2007年，我们设立了生物学博士后科研流动站；2009年，获得食品科学与工程一级学科硕士点，还有生物工程、食品工程专硕点；2010年，又获得农业领域的食品加工与安全、种业、资源保护与利用、作物专硕点；2011年，获得了山西省生物学优势特色学科。生命科学学院在生物学科、食品学科研究生的招生专业达到了13个。2013年，由我牵头负责，获批了国家级生物学实验教学示范中心。目前我们学校有3个：一个是物理，一个是化学，第三个就是生物学。

一流的学校一流的学科。学科建设的地位决定了学校的地位；学科的地位，教师和学生的地位，决定了你是否具有话语权。这么多年来，不论是在教学科研、人才培养，还是管理方面，对我的帮助非常大，也取得了一系列的成绩。不光要走出去，还要请进来。因此，办会对提高生物学科对外的影响力非常重要。这里我举几个例子。

第一个是2010年我们承办了"第五届全国高校生命科学教学论坛"并取得圆满成功。来自全国2000多所高校的400多名教师出席了本次论坛，其中包括教育部生物科学、生物工程专业教指委的主任委员、委员，3名院士，7名国家级教学名师。我校郭贵春校长、行龙副校长出席了开幕式，我作为大会的主持人，代表学校作了大会报告，宣传了山西大学，也宣传了学科，它的意义是非常深远的。

第二个是2015年举办的"第十三届中国甲壳动物学研讨会"，专家云集，来自全国高校、研究所的300多名专家出席了会议，包括学会理事长、副理事长、秘书长等。我校副校长李思殿教授、程芳琴教授出席了开幕式，我在大会上也作了特邀报告。我团队的王茜老师，何永吉、李娜、李保珍、李颖君博士生也分别作了分组报告。

第三个就是我们承办了山西省首届"适应生物学与生物医学"研究生暑期学校，精彩纷呈。这是由省学位办主办，我们学校研究生院协办，生命科学院承办的一次暑期研讨会，非常成功！我们邀请了国内外38名优秀导师，还有研究生管理的负责人，包括现任山西省政协副主席李青山教授、山西省教育厅李金碧副厅长，都作了大会报告。

第四个，连续举办了十届"生命科学研究生学术年会"。在2007年到2017年我任院长的10年期间，我们把年会作为一个品牌，每年特邀1名国内外的学术大咖来作报告。例如SCI期刊Hydrobiologia的主编Dr. Koen Martin教授，中国海洋大学原副校长、国家科学技术进步二等奖的获得者董双林教授，长江学者、"973"首席专家浙江大学范衡宇教授，国家蓝色粮仓重点项目首席专家上海海洋大学成永旭教授，山西大学副书记、副校长张天才教授等。

第五个，举行了生命科学学院建院60周年的院庆活动。生命科学学院是1949年10月建系的，和我们共和国同龄，至今已经73年。在2009年的时候，我们举办了60周年的院庆。

当时出席庆典的有：中国动物学会理事长陈大元研究员、北京大学生命科学学院院长丁明孝教授、山西省政协主席郭裕怀、山西省政协副主席刘波教授，还有我们山西大学党委书记秦良玉、山西大学副校长刘滇生教授、太原市副市长张政，还有省学位办主任郑湘晋，以及来自全国高校以及省内外院校的领导、同行，约300多名代表。

第六个，我们在2006年12月，成立了山西省首家"汾酒工程"研究生教育创新中心，搭建了研究生培养校企合作的平台。当时是在山西省杏花村汾酒厂举行的挂牌仪式，为产学研的结合、校企联合培养研究生开辟了一条新路，收到了良好的效果。

携来百侣曾游，忆往昔峥嵘岁月稠，恰同学少年，风华正茂！

借此庆祝山西大学建校120周年之际，衷心祝愿母校乘"双一流"航船，再创辉煌！

谢谢！

后 记

党的十八大以来，习近平总书记高度重视高校思想政治工作，并提出了一系列新理念、新思想、新战略，明确"做好高校思想政治工作，要因事而化、因时而进、因势而新"，"加强高校思想政治工作，要更加注重以文化人以文育人"。近年来，山西大学高度重视研究生思想政治教育，严格落实"立德树人"根本任务，积极探索和创新研究生思政教育形式，打造了许多亮点精品，如研究生"学术五分钟"演讲赛、"导师有约""令德讲堂""研究生基层锻炼"等项目，取得了突出的成效，赢得了良好的社会反响。

2022年适逢山西大学建校120周年，也是山西大学迈向"双一流"建设的新征程，通过怎样的视角，选择什么"小切口"来讲好山大故事、彰显山大精神，展现新时代山大人喜迎双甲子、奋进"双一流"的崭新形象，尤其是通过什么形式展示山西大学研究生思想政治教育成果，成为我们的工作重点。经过多次多方咨询、意见征集、反复讨论、精心构思，我们最终将视角聚焦到研究生导师这一群体身上，策划了以"百廿山大 师道传承"为主题的山西大学研究生导师"令德讲堂"校庆演讲。同时，决定采取视频录制方式，充分利用各种新媒体平台推送，扩大活动的影响力。我们希望通过研究生导师登台演讲，讲述自己在学术科研、教学实践、成长经历、心灵感悟等方面真实感人的小故事，以小见大、以情动人、以心育人，既能让观众在聆听故事中体会山大人的精神和山大的发展变迁，又能让研究生近距离了解和感悟导师的成长经历，促进其自觉成才。

3月初，在"令德讲堂"策划方案确定后，部长段霖瑶就立即带领我们研工部全体成员集中精力推进活动的开展。一方面，通过各学院党委，在全校范围内广泛邀请优秀研究生导师代表，从活动意义与形式、演讲选题与内容等一一与导师沟通联系，最终确定27名研究生导师代表；另一方面，组织工作人员认真学习各种演讲活动的组织安排、工作对接的知识，并前后两次带队到山西省娴院慈善基金会，实地调研"娴院演讲"栏目的整个流程。同时，广泛联系专业的视频拍摄制作公司，跑遍全校寻找最合适的拍摄场地，为"令德讲堂"的顺利开展做好各项准备工作。

3月中旬，在演讲人选、活动场地、拍摄公司确定后，"令德讲堂"正式启动。随后我们成立了27个工作小组，一对一与各位导师进行工作对接，导师们也立即开始着手准备演讲内容。3月31日，我们邀请专业人员对27名演讲导师，进行了演讲稿撰写、PPT制作、视频录制现场注意事项以及服装造型等培训，为"令德讲堂"的开拍做最后的准备。

万事俱备，静等开拍。原计划于4月10日正式开拍，并集中一周于4月中旬完成全部视频拍摄制作。后因我校发生了校园疫情，全体师生随即投入校园抗疫战斗中，拍摄计划不得不延后进行。但是我们没有停止与各位导师的沟通联系，各位导师也利用这段时间，继续集中精力修改、完善、打磨、熟悉演讲内容。5月末，所有导师的演讲内容和PPT均已完成。一直到6月末，在我校疫情防控取得阶段性胜利后，我们立即启动正式的拍摄工作。7月9日，我们通过视频会议召集所有演讲导师进行拍摄前准备。7月10日完成了场地、舞台的安排布置。

7月11日，在克服种种困难之后，山西大学研究生导师"令德讲堂"校庆系列演讲正式开拍。从7月11日到7月15日，我们集中时间完成了20场"令德讲堂"的拍摄。后因疫情反复、导师工作、场地更换等因素，我们又于8月18日到8月28日，依次完成了另7场"令德讲堂"的拍摄。经过精心制作，"令德讲堂"于8月30日正式通过山西大学研究生微信公众号、视频号、山西大学官微视频号等平台同步推送，每三天推送一场。10月31日，27场全部推送完成。11月10日，"令德讲堂"宣传先导片在山西大学官微视频号发布。11月16日，"令德讲堂"28个系列演讲视频上线学习强国。

视频一经推出就取得了良好反响，师生、校友、朋友、社会各界人士等纷纷点赞、转发、评论，在校内校外掀起了观看"令德讲堂"视频的热潮，成为我校探索研究生导师发挥育人首要作用、创新"大思政"教育形式的精品活动，人民网、学习强国、人民日报数字传播等平台持续关注和推送，得到了广大师生校友及社会各界的称赞。在视频推送的过程中，我们又启动了对演讲内容的整理、修改、联系出版等工作。本书是在27位导师现场演讲基础上，对其演讲文稿进行整理完善，经过几轮反复校对修改后，最终的呈现。

本书的出版，是山西大学庆祝建校120周年工作的一部分，是在学校党政领导的大力支持和悉心指导下完成的。校党委书记王仰麟专门听取了"令德讲堂"的筹备工作汇报并从总体定位、工作思路上给予指导，校党委副书记李富明多次就推进"令德讲堂"工作进行安排，校党委副书记、副校长张天才，副校长程芳琴、副校长孙岩积极协调邀请导师人选，副校长程芳琴更是亲自协调解决"令德讲堂"拍摄过程中遇到的困难，这些都是"令德讲堂"得以成功举办的坚强保障。本书的出版，离不开27位演讲导师的辛苦付出，他们充分展示了我校广大研究生导师的风采，借此向27位导师的辛苦付出和精彩演讲表示由衷的感谢，也借此感谢全校师生对我校研究生思政工作的大力支持。山西奇数文化传媒公司葛岩导演团队为"令德讲堂"呈现了最专业的拍摄制作、山西人民出版社张慧兵等编辑对本书严格把关，在此一并致以由衷的感谢。

道阻且长，行则将至；行而不辍，未来可期。希望本书的出版，能够更加督促我们不断探索创新研究生"大思政"教育形式，繁荣我校的校园文化；能够广泛激励研究生导师以身作则，不忘立德树人初心，用更全面、更精细、更深入的工作当好青年学子的知心人、热心人、引路人；能够深刻启发广大研究生从导师身上汲取人生智慧和成长经验，立志做有理想、敢担当、能吃苦、肯奋斗的新时代好青年，共同推进我校研究生思政工作的高质量发展。此外，对书中可能存在的错讹等问题，恳请读者予以批评指正。

山西大学研究生工作部（处）

2022年12月10日